JN074692

入門

外国人の税務

誰でもわかる国際税務

誰でもわかる確定申告

阿部 行輝 監修／渕 香織 著

税務研究会出版局

はしがき

　私が税理士として独立して13年が経ちました。独立後、国際税務が必要な中小企業や個人は少ないだろうと思いながらも、お問い合わせ自身のホームページ上に掲載すると、意外にも多くのご相談をいただきました。同業者である会計士や税理士の先生方からも多数のご相談を受けました。

　ただ、一時的に疑問を解決できても、慣れない外国人の確定申告書を作成するのはやはり大変だという声をよく耳にしました。そこで、私たちが13年かけて積み上げてきたプロセスを公開することで、誰でも「外国人の確定申告」ができるような本を作りたいと思ったのが、本書を執筆したきっかけです。

　また、税理士の方だけでなく、ご自身あるいはご家族で国際税務の確定申告が必要な方にもぜひ読んでいただければと思います。この本を読みながらご自身（あるいはご家族）で確定申告ができる方が一人でも増えると幸いです。もし確定申告を税理士に依頼する場合であっても、この本を読むことで、自分自身でチェックすることができるようになると思います。

　実は数年前までは自分の事務所で作り上げたシステムを公開するのはもったいないと考えていました。今思えば、非常に狭い心を持っていたと感じます。一方、私が独立したばかりの頃、多くの先輩税理士の方々に支えていただきました。それを思うにつれ、私自身も税理士業界の発展のために貢献できることはないかと考えるようになりました。今は、これまで培ってきた知識や経験を皆様にお伝えできることを、喜ばしく

思っています。

　本書が、一人でも多くの方のお役に立てれば幸いです。

＊＊＊特にこの本を読んでいただきたい方＊＊＊

＊税理士の方で、国際税務の知識が必要な確定申告書（外国人の確定申
　告、日本人でも海外の所得がある方の確定申告）を作成される方
＊国際税務のことを勉強しようと思う方（税理士に限定しておりません。）
＊非永住者の税務について知りたいが、難解なものでなく、エピソード
　をはさみながら楽しみながら読んで身に付けたいと思っている方
＊ご家族や友人知人で、外国人の方がいらっしゃる方（すでに税理士にお
　願いしている方でも必ずご自身のチェックは必要です。）。
＊国際税務の開業税理士がどんな仕事をしているのか興味のある方

　最後になりましたが、税務研究会の長倉潤氏には、本書の企画の段階
から出版まで、長期間にわたり本当にお世話になりました。また、阿部
行輝税理士からは全面的にサポートをしていただきました。的確な助言
や励ましに心から感謝しています。

　そして普段から支えてもらっている弊社事務所のメンバーにも大きな
サポートをしていただきました。特に伊東由香子さん、村上誠之さんに
は特に多大な協力をいただきました。協力をいただいたすべての皆様に
厚く御礼申し上げます。

2024年1月

税理士　渕　香織

目 次

第3章　外国の金融機関の資料の読み方

第4章　事例紹介

第1章 外国人の確定申告及び国際税務の知識が必要な確定申告

　私が13年前に独立して所得税の申告書を初めて作成したときは、1件あたりに多くの時間がかかっていました。メールの件数も膨大でした。そこで、テンプレートをつくって毎年改良を重ね、効率的に業務をこなそうと工夫をしてきた結果、1件あたりにかかる時間が激減しました。そのやり方をご紹介したいと思います。

業務の手順

　メールのやり取りは、できるだけテンプレートを使うようにします。

　テンプレートを使うメリット：
　＊時間の節約につながる
　＊間違いを最小限に抑えることができる
　＊事務所全体のサービスの質の均一化が可能

　具体的な手順をご説明していきます。

1．見積り依頼がくる

　見積り依頼は、ひとつの媒体から送ってもらうようにすると便利です。
　以前は様々な媒体（各種SNS、電話など）から見積り依頼がありしたが、管理が非常に大変でした。
　現在は、いろいろな媒体から問合せをいただいても、最終的には、必ずWEBの見積り専用フォーマットを使っていただく形にしています。

2．見積りを送信する

　職員の誰でも、同じ見積もりを出せるようにしています。担当者が見積りをつくって、私がダブルチェックをしてから提出します。

　100％オンラインで見積りを作成することも考えましたが、個別事情を考慮しつつ、最終的な調整を加えるために100％の自動化はしていません。

3．契約書および請求書送付

　法人クライアントには契約書を作成しても、個人クライアントには契約書を作成しないというケースが多いようです。しかし、特に外国人の税務を行うときには、作成することをお勧めします。国際税務が必要な確定申告をする方というのは、日本人でも外国人でもグローバルに仕事をされている方が多く、契約書がないと不安感を覚える方が多いためです。

　その際、契約書とインボイスを連動したテンプレートをつくることで、時間の短縮化が可能です。

　以前は新規クライアントの場合は先払い、既存クライアントは後払いにしていましたが、管理をシンプルにするために、すべてのクライアントに対して先払いというルールにしました。

　資料がまとまっていてとてもスムーズに申告書作成ができた場合は、翌年に使えるディスカウントクーポンを発行しています。反対に見積りの際の所得内容より複雑で時間がかかった場合は、追加請求をさせていただきます。そのようなことも契約書に明記しておくと、追加請求もスムーズです。

４．Questionnaire（質問票）送付

　サイン済み契約書が送られてきたら、Questionnaire（質問票）を送付します。Questionnaireについては、第 2 章で詳しく説明します。

５．振替納税の設定

　振替納税の手続きは、基本的にすべてのクライアントにお願いしています。振替納税であれば 4 月に引き落とされるので、申告書の完成が申告期限間際になってもひやひやを回避できます。

　振替納税を行いたくない方には、クレジットカード納付や従来の納付書で納付する方法をご案内します。また、非居住者の場合は基本的には日本に口座がないため振替納税はできません。ただし、非居住者でも不動産所得のある方は日本に賃貸料の振込口座として使っている口座があるので、振替納税をお願いしています。

　手続上は、オンラインで振替納税の申請が可能ですが、外国人は日本語が読めない人が多く、ご自身で手続きを行うことは困難です。また、手続きする上で、キャッシュカードの暗証番号を教えてもらう必要があるなどの問題があるため、紙の口座振替依頼書で提出しています。

６．申告書の作成開始

　作成担当者には、疑問に感じたことに関して悩みすぎずに、困ったらすぐに責任者（レビューワー）に相談をするようにしてもらっています。

7．クライアントの承認（アプルーブ）をとる

作成者が作成後にセルフチェックを行い、その後、レビューワーが再度チェックをします。ダブルチェックが終わったら、作成者は、クライアントにアプルーブ（申告してもいいという承認）をとります。その時に、申告書を英訳したシートを添付します。

外国人クライアントには、「以前依頼していた税理士事務所では、自分が申告内容を確認していないのに申告をされていた」と不満を漏らす方が少なくありません。ひと手間かかりますが、必ずアプルーブはとってから申告をします。

なお、期限が迫っている場合には、「24時間以内に返事がない場合は承認したものとみなします。」という内容を書いて連絡しますが、この文章をお送りするのは2月後半くらいからです。

8．電子申告

電子申告をする担当者が、基本的には週2回、まとめて電子申告を行います。3月に入ってからは、申告書のレビューを終了したものから順次申告をします。

9．その他

(1)　チェックリスト

確定申告の見積り依頼から申告後クライアントに送付するまでの一連の流れの中で、見落としそうなポイントをチェックリストにまとめています。これはマニュアルも兼ねています。マニュアルとチェックリスト

がバラバラに存在するより、1枚にまとめた方が効率的です。

　責任者（レビューワー）に最終チェックをしてもらう前に、担当者は必ずこのチェックリストでセルフチェックを行うようにします。

【確定申告チェックリスト】　　　作成者：		
クライアント名：○○○○		
作業手順	**内容**	**チェック**
1.見積もり依頼→見積もり作成→送付	見積内容の確認は上長にしたか？	
	非永住者の"居住形態等に関する確認書"非居住者の"納税管理人の届出書"のfeeを入れたか？	
2.金額合意後、契約書および請求書を送付	入金確認したか？	
	○月○日からは、Urgent feeを入れているか？	
3.サイン済契約書届き次第、クエスチョネア送付	クエスチョネアの返信期限を設定したか？（原則1週間後）？	
	12月までに送信の場合は1月10日ごろに設定したか？	
	3月に送信の場合は2日以内に設定したか？	
4.クエスチョネア返信あり次第、作成開始	DBフォルダー名は　ファーストネーム→ラストネームの順番でつけたか？	
	メールの件名の先頭にクライアントの名前入れたか？	
	プリペアラーとレビュアーが打ち合わせをして初回質問メールを送ったか？	
	新規クライアントのetax登録をしたか？	
	振替納税の手続きをしたか？（日本に口座がある人のみ）	
	質問に対する返信が3日以上ない場合はリマインドしているか？	
	配当利子譲渡など集計作業をした人の名前　[　　　]チェックした人[　　　]	
	納税者の名前の文字数が多くすべて入力できず、申告書の名前と還付先などの銀行口座の名前に相違が出る場合がある。その場合は、電子申告時の特記事項に銀行口座の正式氏名を明記したか？	
	昨年の申告書と見比べたか？所得や控除内容に大幅な変更がないか確認したか？	
	作成中に悩むことがあればすぐにレヴュアーに相談したか？	
	作成中の関忌点など翌年の為にメモを残したか？	
	レビューワーがわかるように資料にリファレンスをふったか？（資料のリファレンスの場所は右下）	
	資料の印刷は基本的に片面でしたか？	
5.申告書作成後、チェックリストを添付してレビューアーに渡す。		
6.レヴューOK後、クライアントにアプルーブをとる。（Tax Calculation Sheet PDF送付）	添付ファイルには暗証番号を設定したか？	
7.アプルーブ後に電子申告する。	添付書類（イメージデータ、郵送など）送ったか？	
	魔法陣以外からの申告（居住形態等に関する確認書など）も行ったか？	
	添付ファイルには暗証番号を設定したか？	
8.申告済み申告書PDFを送付。	納付書での納付希望者には納付書を送ったか？	

⑵　**必要な情報を一度に収集する**

　資料の収集には、Questionnaireを使うことをお勧めします。

　このQuestionnaireを使う効果は「膨大なメールの往復をなくすこと」と「ミスや誤解を減らすこと」です。

　忙しい時期に、メールの往復を繰り返すのは本当に大変です。ビジネスチャットの利用も検討しましたが、気軽に連絡がとれすぎるため、基本的には使っていません（頻繁に連絡を取り合う法人クライアントには、ビジネスチャットを使っているケースもあります。）。

　なお、Questionnaireは、毎年 3 月末に、反省点や改善点などを洗い出しアップデートしています。

⑶　**資料収集**

　迅速に資料収集をするために下記の 2 点に気を付けています。

①　**期限の設定**

　資料依頼をするときや質問をするときには、必ず〇月〇日までにお送りくださいと下線を引き強調して期限を区切ります。返事をしようと思いながらも期限がないと、つい後回しになりがちになることを防ぐためです。

　最初の数年間は期限を設けていませんでしたが、会計事務所でよくある「資料が来ない」問題が常にありました。期限を区切ると、返事が早く届くようになりました。

②　**リマインドを恐れずに**

　期限までに資料が送られて来ない時は、リマインドをします。そこで相手が忙しいのかなあとか、もう 1 日だけ待ってみようという気持ちを持たずに、ルールを決めて（3 日返事が来なかったらリマインドするなど）

粛々とリマインドをします。

　クライアントにとって大事なことは期限内に申告をすることだと理解すれば、躊躇なくリマインドをすることができます。

　それでも返事が来ない場合は「○月○日までにお送りいただけない場合は期限内申告のお約束はできません。」と伝えます。ルーズな方というのはどこにでもいます。そういう方に振り回されないように、こちらでコントロールできる状態にすることが大事です。

CoffeBreak ☕

外国人向け確定申告の仕方を公開する理由

　外国人の方からのご相談は年々増え続けています。中には驚くような事実を聞くこともあります。言葉のわからない異国の地で不安に感じている外国人の方に「英語で確定申告できますよ。」ともちかける斡旋業者（いわゆるブローカー）がいるようです。彼らは、引き受けた確定申告の業務を下請けに出すようです。多くの外国人の方は、税理士資格をもたない人が税務業務を行うことが違法とは知りません。毎年依頼をしていたが、税務調査が入って間違った処理を指摘されたので連絡したところ、急に音信不通になったケースや大きなトラブルに発展したというケースもありました。

　国税庁のホームページには次のように書かれています。

　「税理士は、税務に関する専門家として、独立した公正な立場において、申告納税制度の理念に則って、納税義務者の信頼に応え、租税に関する法令に規定された納税義務の適正な実現を図ることを使命としています。」

　何かあったときに責任を取らないブローカーに依頼することは危険です。そのような被害をなくすためにも、外国人対応ができる税理士が増えていくことを願っています。

第2章 Questionnaire

Questionnaire は依頼者の所得や所得控除及び税額控除の種類・内容、個人情報、資産状況など確定申告に必要な情報を漏れなく収集することを目的としています。

開業当初は、エクセルで送っていましたが、バージョン違いのため読めないケースやエクセルのソフトをお持ちでない方もいらっしゃり、個別対応が大変だったので、現在は、Google Doc.で送っています。ただ社内の作業としてはエクセルのほうが効率が良いため、クライアントに記載をしてもらった後は、弊社内でエクセルにダウンロードしてから使っています。また、知らないうちに数字が変わっている（クライアントが訂正する）ことがないよう、数字の変更が必要になるときは、必ず連絡をいただくようにお願いしています。

Questionnaireは16のスプレッドシートで構成されています。具体的にみていきましょう。

1. Personal information 個人情報

個人情報（住所・氏名・生年月日・銀行口座情報など）、家族の情報、予定納税額などを記入していただきます。

1. Personal Information

First name			Last name			Sex	0 Male	0 Female	Date of Birth	YYYY	MM	DD

Marital Status as of 31 Dec, 2022	0 Single	0 Married	Citizenship		My number (No blank, 12digits)		Date of entry into Japan	YYYY	MM	DD

Home address as of 1 Jan, 2023	Zip Code:		Phone number	

Bank info in Japan	Bank name			Branch name			
	Type of account	0 Saving(普通)　0 Current (当座)	Account number		Account Holder's name		

● Could you please send us the photo of your bank book 1st/2nd page if your bank is Japan Post Bank?

Please answer the question. (IF you used our service last year, you don't need to answer.)

Have you set up Automatic tax payment?　　　　　　　0 Yes　0 No

2. Family Information

	First name	Last name	Date of Birth			Relationship	My number	Income amount	living together / Separate	
Spouse			YYYY	MM	DD	N/A			0 together	0 Separate
Dependents			YYYY	MM	DD	N/A			0 together	0 Separate
			YYYY	MM	DD	N/A			0 together	0 Separate
			YYYY	MM	DD	N/A			0 together	0 Separate
			YYYY	MM	DD	N/A			0 together	0 Separate
Householder			YYYY	MM	DD	N/A	<==Mandatory information			

3. Please write the amount of interim payment for income tax, if any. (not resident tax)

First period		yen
Second period		yen

4. Please write the amount of national health insurance and national pension payment in 2022, if any

No need to fill in if those were already deducted by End-Year-Adjustment.

National Health Insurance		yen
National Pension		yen

ポイント1　＝Bank information＝

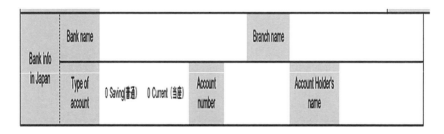

　当初、銀行口座情報は納付であれば不要であるため、計算後、還付に
なる場合にのみクライアントに確認していました。しかし、納付か還付
かがわかるのが申告期限ぎりぎりになる場合もあり、今は最初に確認す
るようにしています。また、ゆうちょ銀行をお使いの場合は、この欄で
は対応ができないので、その場合は個別に対応しています。ただ、外国
人の方でゆうちょ銀行を利用されている方はほぼ皆無です。

ポイント2　＝Family information＝

2. Family information

	First name	Last name	Date of Birth			Relationship	My number	Income amount	living together / Separate	
Spouse			YYYY	MM	DD	N/A			0 together	0 Separate
Dependents			YYYY	MM	DD	N/A			0 together	0 Separate
			YYYY	MM	DD	N/A			0 together	0 Separate
			YYYY	MM	DD	N/A			0 together	0 Separate
			YYYY	MM	DD	N/A			0 together	0 Separate
Householder			YYYY	MM	DD	N/A	<==Mandatory information			

　家族の所得の記入欄ですが、ほとんどの配偶者は所得がゼロ、もしく
は明らかに配偶者控除が取れない場合がほとんどです。しかし、ときど
き48万円など所得か収入かわからないような微妙な数字が入っているこ
とがあります。そのような場合は個別に質問します。

ポイント3　＝Interium payment＝

3. Please write the amount of interim payment for income tax, if any. (not resident tax)

First period	yen
Second period	yen

　予定納税の金額も、最終チェックの時に聞くことが時々ありましたが、
このQuestionnaireに欄を作成してからはなくなりました。

ポイント4　＝Personal information＝

　第1章に書きましたように、基本的には全員の方に振替納税の設定を
しています。ただし、非居住者で口座を持っていない場合には、納付書
やクレジットカード納付を選択します。

ポイント 5　＝Personal information＝

1. Personal information

First name		Last name		Sex	O Male　O Female	Date of Birth	YYYY　MM　DD
Marital Status as of 31 Dec, 2022	O Single　　　O Married	Citizenship		My number (No blank, 12 digits)		Date of entry into Japan	YYYY　　MM　　DD
Home address as of 1 Jan, 2023	Zip Code:				Phone number		

　外国人の方の銀行口座の名義は、日本語読みと同じように「苗字＋名前」の場合もあれば、英語読みで「名前＋苗字」の場合もあります。逆になっていると、税務署が還付金の振込みができないため、初めての方の場合は、必ず確認するようにしています。

ポイント 6　＝Personal information＝

　外国人の方の氏名が長すぎて、申告書に入りきらないケースも多々あります。その場合は最後の数文字をきったり、アルファベットだけで省略したり、できるだけ不自然にならないようにします。そして、クライアントには、字数制限で名前が全部記入できなかったことを必ず説明するようにします。

　また、電子申告するときの送信票の特記事項には正式な名前を記載しておきます。還付の時に、銀行口座名と一致させるためです。

ポイント 7　＝Personal information＝

　生年月日は Date of Birth と書くだけでは、誤解を招くケースがありました。たとえば、1980/07/08という記載は、日本語では1980年 7 月 8 日と理解しますが、英語の場合、8 月 7 日のつもりで書く方がいらっしゃいます。したがって、YYYY/MM/DDと書くようにすると間違いを防ぐ

ことができます。

ポイント 8　＝Personal information＝

2. Family information

	First name	Last name	Date of Birth	Relationship	My number	Income amount	living together / Separate	
Spouse			YYYY MM DD	N/A			0 together	0 Separate
Dependents			YYYY MM DD	N/A			0 together	0 Separate
			YYYY MM DD	N/A			0 together	0 Separate
			YYYY MM DD	N/A			0 together	0 Separate
			YYYY MM DD	N/A			0 together	0 Separate
Householder			YYYY MM DD	N/A	<==Mandatory information			

　同居家族でなくとも配偶者控除や扶養控除を受けることができますが、
「国外居住親族」に該当する場合、「親族関係書類」や「送金関係書類」
が必要となるため、同居か別居かを確認する欄をつくりました。

国税庁ホームページ「国外居住親族に係る扶養控除等の適用について」
https://www.nta.go.jp/publication/pamph/pdf/0022009-107_01.pdf

2．Questionnaire 質問票

　1～14の質問に答えることで、個人の税務上のステータス確認、所得の種類、所得控除や税額控除などを確認できるため、クライアント自身も情報の整理ができます。続けて、Yes/Noで答えることで右側に入力が必要なシートの指示や必要書類の案内がでてきます。こうした仕組みを使うことで、どのシートに記入すべきか、迷うことなく入力をすすめていくことができます。

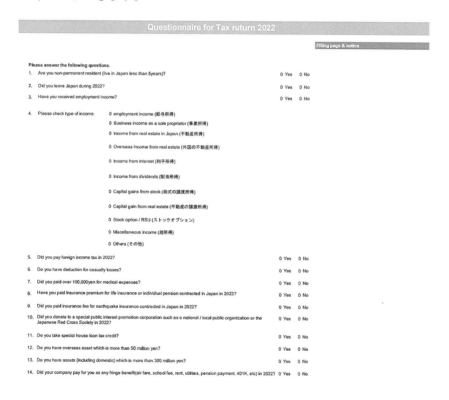

Questionnaire for Tax return 2022

Filling page & notice

Please answer the following questions.

1. Are you non-permanent resident (live in Japan less than 5years)? — 0 Yes　0 No
2. Did you leave Japan during 2022? — 0 Yes　0 No
3. Have you received employment income? — 0 Yes　0 No
4. Please check type of income.
   - 0 employment income (給与所得)
   - 0 Business income as a sole proprietor (事業所得)
   - 0 Income from real estate in Japan (不動産所得)
   - 0 Overseas income from real estate (外国の不動産所得)
   - 0 Income from interest (利子所得)
   - 0 Income from dividends (配当所得)
   - 0 Capital gains from stock (株式の譲渡所得)
   - 0 Capital gain from real estate (不動産の譲渡所得)
   - 0 Stock option / RSU (ストックオプション)
   - 0 Miscellaneous income (雑所得)
   - 0 Others (その他)
5. Did you pay foreign income tax in 2022? — 0 Yes　0 No
6. Do you have deduction for casualty losses? — 0 Yes　0 No
7. Did you paid over 100,000yen for medical expenses? — 0 Yes　0 No
8. Have you paid insurance premium for life insurance or individual pension contracted in Japan in 2022? — 0 Yes　0 No
9. Did you paid insurance fee for earthquake insurance contracted in Japan in 2022? — 0 Yes　0 No
10. Did you donate to a special public interest promotion corporation such as a national / local public organization or the Japanese Red Cross Society in 2022? — 0 Yes　0 No
11. Do you take special house loan tax credit? — 0 Yes　0 No
12. Do you have overseas asset which is more than 50 million yen? — 0 Yes　0 No
13. Do you have assets (including domestic) which is more than 300 million yen? — 0 Yes　0 No
14. Did your company pay for you as any fringe benefit(air fare, school fee, rent, utilites, pension payment, 401K, etc) in 2022? — 0 Yes　0 No

ポイント　＝Type of income＝

　見積りの段階でどのような種類の所得があるか、どのような税額控除

や所得控除などがあるかを把握できている場合、４．の部分は見積りに従って最初から記載しておくことで、クライアント側が迷うことなく記載できます。

3．Travel Schedule　トラベルスケジュール

　給与所得や事業所得がある方や外国税額控除を受ける方は、国外源泉所得と国外源泉所得以外の所得を分ける必要があります。具体的には、何日間海外に滞在していたのかという情報が必要です。当初は、このような日数をメール等で確認していましたが、効率化を図るため、現在はクライアントにパスポートを見ながら直接記載をお願いしています。

Travel Schedule

1. For All
If you left Japan during 2022, please fill in the following forms with date by figures.

Left Japan (YYYY/MM/DD)	Return to Japan (YYYY/MM/DD)	Country visited	Business	Home leave	Vacation	Total (days)
						0
						0
						0
						0
						0
						0
						0
						0
						0
						0
Total			0	0	0	0

(Purpose of absence from JP) (days)

2. For Non-permanent resident only

Please fill out the periods during which you have maintained domicile or residence in Japan within the preceding 10 years (2012～2021), if any.

From: YYYY/MM/DD	To: YYYY/MM/DD

3. For Non-permanent resident only If you invest financial instruments through foregin bank after April 1, 2017, it is taxable in Japan.
Please let us know if you have any.

ポイント

　以前は、パスポートのスタンプをみて記載してくださいとお願いしていましたが、今はスタンプがない場合も多いため、ご自身の出張の記録

に従って記入していただくようにしています。

　１．の欄はすべての方に書いていただきます。休暇等（旅行、帰省を含む）で出国した日数、出張で出国した日数を記入いただきます。

　２．の欄は、非永住者の方のみに書いていただきます。理由は、非永住者が提出義務のある居住形態等に関する確認書の作成のためです。

国税庁ホームページ「居住形態等に関する確認書」
https://www.nta.go.jp/taxes/shiraberu/shinkoku/yoshiki/01/shinkokusho/pdf/r04/19.pdf

　３．の欄も非永住者の方のみにお願いしている確認事項です。平成29年度税制改正で施行された非永住者の株式の譲渡益のための確認です。

　非永住者の国外での株式譲渡から生じる譲渡益は改正前までは日本に送金したり受け取ったりしない限り非課税でした。しかし、現在は、平成29年（2017年）４月１日以降に取得したもので、譲渡した日以前10年以内に非永住者であった期間に取得したものは課税されます。つまり、平成29年（2017年）４月１日以降に、日本の非永住者になってから購入した国外株式から生じた譲渡益は課税対象となります。

４．Business income 事業所得

事業所得の収支を記入していただきます。

Business income as a sole proprietor

1. Please fill in the following form for your business

	Consumption Taxable (domestic transactions)	Consumption Non-taxable (overseas transaction)	Total	Comments
Revenue			0	
Miscellaneous revenue			0	
			0	
			0	
Subtotal	0	0	0	
Cost of sales			0	
			0	
Subtotal	0	0	0	
Payment of salary and wage			0	
Legal and other professional fees (Gross amo			0	
Outsourcing fees (Gross amount)			0	
Depreciation cost			0	
Bad debt			0	
Land and house rents			0	
Internet on loans, discount charge of bills			0	
Tax and fees			0	
Packing and freight			0	
Water, heat and hight expense			0	
Travel and transportation expenses			0	
Communication expenses			0	
Advertising expenses			0	
Entertainment expenses			0	
Nonlife insurance			0	
Repair expenses			0	
Cost of supplies			0	
Welfare expenses			0	
Expenses for consumable goods			0	
			0	
Miscellaneous expenses			0	
			0	
			0	
Subtotal	0	0	0	

*Legal and other professional fees: Please write the gross amount. Please write the net amount and withholding tax (if any) as well

*Outsourcing: Please write the gross amount. Please write the net amount and withholding tax (if any) as well

2. Please answer the following questions.

Do you purchase consumable goods which is more than 100,000yen in this year?

If "Yes", please provide the following information.

Name of consumable goods	Date of Purchase	Purchase price

ポイント

　売上、費用ともに消費税の課税区分が明確になるように国内取引・海外取引を分けて記入していただきます。たとえ課税事業者でなくとも（免税事業者であっても）、今後の消費税課税事業者判定の参考資料となるので、記載をしていただきます。

　10万円以上の備品購入などの有無もここで確認します。チェックがつけられていたら、詳細を確認して、必要に応じて資産計上および減価償却費の処理をします。

　青色申告の要件を満たす帳簿を付けている場合は帳簿から決算書作成を行うため、このシートは使いません。

5．Real Estate 不動産所得

不動産所得の収支を記入していただきます。

Real Estate Income

1. Revenue & Expense　　＊If your property is overseas , please put the foregin currency in the below.

Revenue	Rent	
	Key money / 礼金	
	Renewal fee / 更新料	
	Revenue total	0
Expenses	Electricity	
	Water	
	Gas	
	Repair cost	
	Management fee to management company	
	Non-life insurance premium	
	Stamp duty	
	Property tax	
	Loan interest**	
	Others(Maintenance grounds)	
	Expense total	0

**If you had loan, please fill in the below

Name of lender	
Loan amount on Dec 3	yen

2. Information for Rents

Monthly rent fee	yen
Period for rents ex. Sep.2022 - Dec-2022	～

3. Please answer the following questions

	Yes	No
You have not paid salary for employees.		

ポイント

　国外不動産の場合は現地通貨で記入をお願いします。かつてはクライアントが独自に円換算をしたものに対し、後から税務的に正しい為替レートに修正することもありましたが、時間がかかるうえミスにつながりやすいため、円換算は必ず当方でするようにしています。

　円換算レートは、収入はTTB（電信買相場）、費用にはTTS（電信売相場）を適用して計算することで課税所得が少しでも少なくなるようにしています（P.75）。

　また3.の質問は、ほとんどの不動産所得者の方は、従業員を雇っていませんが、念のため確認しています。

6. Depreciation 不動産の減価償却費

　不動産所得あるいは不動産の譲渡所得の計算上必要な減価償却計算に必要な情報を記入していただきます。

Depreciation

Property address	
Legal owner name	
Your portion	
Date purchased	
New Construction or Existing hom	0 New Construction　　　0 Existing home
Date of constructio YYYY/MM/DD	
Architecture of building (e.g. wood, iror	
Price of building when you bought the prop	
Price of land when you bought the property	
Name of lessee	
If you had loan, please fill in the initial loan amou	

│ポイント┃

　不動産購入時及び売却時の売買契約書を送っていただくように依頼します。海外の不動産の場合、売買契約書には土地の価格と建物の価格を分けて記載していない場合がほとんどです。

　土地と建物の按分比率についてははこちらで比率を算出することはしません。現地の不動産鑑定士に確認していただいたり、固定資産税の評価額等から計算したりしながら、最終的にはクライアントの判断で建物の金額を決めていただきます。

　なお、日本では古い建物であれば価値が低く土地代だけというケースもありますが、海外では築100年くらいの物件であっても価値が高い場合も珍しくありません。

7．Dividend income／Interest income 配当・利子所得

配当・利子所得の明細を記入していただきます。

Dividend / Interest Income

1. Dividend Income

Company name	Received date	Amount	Withholding tax	Currency	Exchange rate	Amount (YEN)	Withholding tax (YEN)
Total dividends		0.00	0				

2. Interest Income

Company name	Received date	Amount	Withholding tax	Currency	Exchange rate	Amount (YEN)	Withholding tax (YEN)
Total interests		0.00	0				

┃ポイント┃

　ここでは収入だけでなく源泉税も記入します。

　不動産所得の場合と同じように、現地通貨で記入してもらい、円換算は当方で行います。

　金融機関から送られてきた元資料もクライアントからいただき、入力していただいた内容との精査を行います。

　外国の源泉所得税は、基本的に外国税額控除の対象とできますが、租税条約の限度税率を超えている部分は、控除できないので注意が必要です（P.86）。

8 ．Capital gain for stocks　株の譲渡損益

　株の譲渡損益を記入していただきます。

Capital gain income / loss from Stock

＊ You can fill in the amount with the original currency. We will convert to Yen.

Company name	Purchase date	Currency	Purchase price	Number of purchase	Total purchase price	Sale date	Sale price	Number of sale	Total sale price	Broker charge	Withholding tax you paid
					0.00				0.00		
					0.00				0.00		
					0.00				0.00		
					0.00				0.00		
					0.00				0.00		
					0.00				0.00		
					0.00				0.00		
					0.00				0.00		
					0.00				0.00		
					0.00				0.00		
					0.00				0.00		
					0.00				0.00		
					0.00				0.00		
Total				0	0			0	0.00	0.00	0.00

ポイント

　購入日・売却日・現地通貨での取得価額・譲渡価額を記入していただきます。手数料や源泉税があれば、それも併せて記入いただきます。

　為替レートはTTMでも良いのですが、収入はTTB、取得費・譲渡費用にはTTSを適用して計算することで、クライアント有利になります（P.75）。

　金融機関から送られてきた元資料も同様に提出いただき、入力された内容との精査を行います。

9．Capital gain for real estate　不動産の譲渡損益

　不動産の譲渡損益を記入していただきます。

ポイント

　不動産の取得価額、売却価額、手数料などを記入します。

　ここでも現地通貨での記入をしてもらい、円換算は当方で行います。

　不動産譲渡は金額も大きいため、為替レートにより円換算した場合の損益が大きく変わる場合があります（P.75）。

10. Foreign Tax Credit　外国で支払った税額

外国で支払った所得税額（源泉税除く）や会社が負担してくれた税額が
ある場合にはこちらに記入していただきます。

Tax payment for Foreign tax credit

Please fill in the foreign tax amount which you paid during the year OR Japanese tax which your company reimburse to you.

Tax Payment	Payment date	Amount	Currency	Exchange rate	Amount (Yen)
			US		0
					0
					0
					0
					0
					0
					0
					0
					0
					0
Total		0.00			0

ポイント

　エキスパットの場合、会社との契約で、日本に駐在する間に発生する
所得税等を会社が負担するということがよくあります。その会社の負担
税額は課税所得となります。したがって、グロスアップ計算が必要とな
ります。

11. Stock Option／RSU 株式報酬制度

ストック・オプションやRSUなど株式報酬制度による所得を記入していただきます。

Stock option / RSU

* You can fill in the amount with the original currency.　We will convert to Yen.

| | | | | | | | If you sold, please fill in the following forms as well. | | | |
Grant date	SO: Exercise date RSU:Vesting date	Number of exercise stock	Currency	Exercise price (Per share)	Market Value on Exrcise(Vesting) date	Exercised gain	Sold date	Number of sold stock	Current sold price	Currency
						0.00				
						0.00				
						0.00				
						0.00				
						0.00				
						0.00				
						0.00				

Special comments.

| |
| |

ポイント

最近は、ファントムストックやESPPなど様々な株式報酬制度がありますが、基本的な考え方は同じです。

また、人によってはこの記載の仕方がわからないとおっしゃるケースがあります。その場合は資料を送付いただき、こちらで集計します。ここに数字が書いてあっても、念のために元資料もいただいて確認をします。

12. Others その他所得

　他のシートの内容に当てはまらない所得がある場合は、こちらに記入していただきます。最近は暗号資産取引を記入してくる方が増えてきました。

Other income

Category of income	Date you earned	Income amount	Comment

Other losses　　　　　　　　0 0

Category of losses	Date you lossed	Amount	Comment

13. Medical expense 医療費控除

医療費控除を受ける場合には、こちらに必要事項の記載をしていただきます。

Medical expenses deduction

Patient name	Hospital or pharmacy's name	Category of expenses	Paid amount	Covered amount by insurance
		Total	¥0	¥0

ポイント

申告書作成ソフトには合計額の記入を行い、詳細が書かれているこの表を*WEBゆうびんで税務署に送ると便利です。

＊WEBゆうびんとは、PDFファイルをアップロードして税務署の住所を入力すると郵便発送をしてもらえる日本郵政のサービスです。

https://www.post.japanpost.jp/service/webletter/

試行錯誤を経てこの形にしました。

14.　Donation　寄附金控除

寄附金控除を受ける場合、その明細を記入していただきます。

Donation

Please prepare certificate of donation.

Date(YYY/MM/DD)	Recipient	Amount of Donation
Total		¥0

ポイント

寄附金の明細も添付いただき、内容を確認します。

15. Overseas Assets Report 国外財産調書

　居住者（永住者のみ。非永住者は除く。）がその年の12月31日において、価額の合計額が5,000万円を超える国外財産を有する方は、国外財産調書を提出する必要があります。

　詳しくは、国税庁ホームページタックスアンサー「No.7456国外財産調書の提出義務」をご覧ください。

https://www.nta.go.jp/taxes/shiraberu/taxanswer/hotei/7456.htm

　国外財産調書の提出が必要な場合は、このシートに、年末時点の国外財産の明細を現地通貨で記入していただきます。その後、こちらで年末のTTBで換算した提出用資料を作成します。

Statement of Overseas Assets as of 31 December 2022

Category	Type	Name	Purpose of use	Country	Address	Quantity	Square meter	Currency	Value	Acquisition cost of securities, etc.	Note	Exchange rate(TTB)	Amount (JPY)
Land							m²						
Building							m²						
Mountain and forest							m²						
Cash													
Bank deposit	Current account												
	Ordinary account												
	Fixed deposit account												
Securities	Listed-stocks												
	Unlisted-stocks												
	Bonds and debentures												
	Investment trust												
	Beneficiary certificate of investment trust												
	Loan trust												
Specified Securities	Stock options												
Investments in anonymous associations													
Unsettled margin transactions													
Unsettled derivative transactions													
Loan													
Accounts due													
Calligraphic works and Paintings, Antique, and Fine arts and crafts	Calligraphic works												
	Paintings, Antique												
	Fine arts and crafts												
Jewelry and other valuables	Gold												
	Platinum												
	Diamond												
Movable property	Car												
	Furniture												
Other													

16. Assets-Liabilities Report 財産債務調書

　退職所得を除く所得の合計額が2,000万円を超え、かつ、その年の12月31日において、その価額の合計額が３億円以上の財産またはその価額の合計額が１億円以上の国外転出特例対象財産を有する場合には、財産債務調書を提出する必要があります。

　財産債務調書の提出が必要な場合は、こちらのシートに記載をしていただきます。外貨の資産負債がある場合は、現地通貨で記載をしていただき、財産はTTB、債務はTTSで換算した提出用資料を作成します。

　なお、令和５年分より「10億円以上の財産を有する方」も対象に加えられます。

国税庁ホームページタックスアンサー「No.7457財産債務調書の提出義務」
https://www.nta.go.jp/publication/pamph/hotei/zaisan_saimu/pdf/zaisan_leaflet.pdf

Statement of Assets / Liabilities as of 31 December 2022

	Category	Type	Name	Purpose of use	Location of assets / liabilities	Quantity	Square meter	Value	Acquisition cost of securities, etc	Note	Exchange rate (CTR)	Amount (Yen)
A S S E T	Land			Private								
	Building			Business								
	Mountain and forest			Private								
	Cash			Private								
	Bank deposit	Current account		Private								
		Ordinary account		Business								
		Fixed deposit account		Private								
	Securities	Listed-stocks										
		Unlisted-stocks										
		Bonds and debentures										
		Investment trust										
		Beneficiary certificate of investment trust										
		Loan trust										
	Specified Securities	Stock options										
	Investments in anonymous associations											
	Unsettled margin transactions											
	Unsettled derivative transactions											
	Loan											
	Accounts due											
	Calligraphic works and Paintings, Antique, and Fine arts and crafts	Calligraphic works										
		Paintings, Antique										
		Fine arts and crafts										
	Jewelry and other valuables	Gold										
		Platinum										
		Diamond										
	Movable property	Car										
		Furniture										
	Other											
	Total (A)											
L i a b i l i t i e s	Debt											
	Payment due											
	Other liability											
	Total (B)											
	(A) - (B)							0				

第3章 外国の金融機関の資料の読み方

1．外国の金融機関の資料

　クライアントには、基本的に、Questionnaireにすべての所得の記入を
お願いしていますが、ご自身の投資内容を把握しておらず、配当や利子、
株式譲渡の情報を記入いただけないという場合もあります。そのような
ケースでは、元資料をいただいてこちらで記載を行います。

2．外国の金融機関のステートメントの具体的な見方

　金融機関によって多少形式は異なりますが、外国人エキスパットの方
がよく利用している外国の金融機関の例をあげながら、その読み取り方
を紹介します。

　ステートメントには、配当所得、利子所得、株式譲渡損益等の情報が
記載されています。利子所得はInterest income と表記されていることが
多いので、迷うことは少ないと思いますが、配当所得は慣れないうちは
わかりにくいかと思います。

(1)　**配当所得**

　配当所得については、Total Ordinary Dividends、Total Capital Gain
Distributions、Non dividend Distributions の3項目の数字を拾う必要が
あります。

	Dividends and Distributions — 2012					Form 1099-DIV	
	Department of the Treasury-Internal Revenue Service					Copy B for Recipient (OMB No. 1545-0110)	
Box	Description				Amount	Total	
1a	Total Ordinary Dividends				$	6,187.75	
	(includes amount shown in box 1b)						
1b	Qualified Dividends				$ 2,465.21		
2a	Total Capital Gain Distributions				$	1,681.52	
	(includes amounts shown in boxes 2b, 2c and 2d)						
2b	Unrecap. Sec. 1250 Gain				$ 0.00		
2c	Section 1202 Gain				$ 0.00		
2d	Collectibles (28%) Gain				$ 0.00		
3	Nondividend Distributions				$	0.00	
4	Federal Income Tax Withheld				$	0.00	
5	Investment Expenses				$	0.00	
6	Foreign Tax Paid				$	56.21	
7	Foreign Country or U.S. Possession						
8	Cash Liquidation Distributions				$	0.00	
9	Noncash Liquidation Distributions				$	0.00	
10	Exempt-interest Dividends				$	0.00	
11	Specified Private Activity Bond Interest Dividends						
12	State						
13	State Identification No.						
14	State Tax Withheld				$	0.00	

上掲は配当所得のサマリーです。ここである程度の目星をつけてから、詳細を見ると理解しやすいでしょう。

以下は詳細例です。

INTEREST & DIVIDENDS 利子・配当

The information in the following sections may be helpful for, but not limited to, Schedule B. Please consult with your tax advisor or financial advisor regarding specific questions.

Detail Information of Dividends and Distributions

Description	CUSIP Number		Paid in 2012		Paid / Adjusted in 2013 for 2012		Amount
Ordinary Dividends							
Non-Qualified Dividends							
FEDERATED TOTAL RETURN	31428Q507	$	190.36	$	0.00	$	190.36
HARBOR INTERNATIONAL	411511645	$	0.00	$	11.33	$	11.33
LAUDUS GROWTH INVESTORS	51855Q549	$	0.00	$	1.75	$	1.75
LOOMIS SAYLES BOND FUND	543495832	$	620.76	$	(27.63)	$	593.13
METROPOLITAN WEST TOTAL	592905103	$	858.68	$	0.00	$	858.68
OAKMARK INTL FD CLASS I	413838202	$	0.00	$	18.89	$	18.89
PIMCO TOTAL RETURN FUND	693391674	$	775.11	$	(1.24)	$	773.87
SCHWAB CASH RESERVES	808515738	$	7.28	$	0.00	$	7.28
SCHWAB FUNDAMENTAL US	808509418	$	0.00	$	59.86	$	59.86
SCHWAB FUNDAMENTAL US	808509442	$	0.00	$	25.54	$	25.54
WESTERN ASSET CORE PLUS	957663602	$	550.68	$	0.00	$	550.68
Total Non-Qualified Dividends (Included in Box 1a)		$	3,002.87	$	88.50	$	3,091.37

ポイント1

Qualified Dividends は拾う必要はありません。これは日本でいう特別分配金のようなものです。

ポイント2

Foreign Tax Paidは、外国で支払われた税金のことです。基本的には外国税額控除の対象となります。ただし、相手国が日本の場合は、外国

税額控除の対象となりません。外国税額控除の考え方は少し複雑ですので、事例紹介のところで別途詳しく説明します（P.86）。

⑵　株式譲渡所得

Detail Information of Dividends and Distributions (continued)

Description		CUSIP Number	Paid in 2012	Paid / Adjusted in 2013 for 2012	Amount
Foreign Tax Paid (continued)	Country 相手国が日本でない場合は、外国税額控除を要考慮：条約確認				
SCOUT INTL FD	Not Provided	81063U503	$ 0.00	$ (10.42)	$ (10.42)
Total Foreign Tax Paid (Box 6) 外国納税合計			$ 0.00	$ (56.21)	$ (56.21) 外国納税

REALIZED GAIN OR (LOSS) 譲渡所得　(Page14～Page18)

The information in the following sections include all your realized gain or (loss) transactions during the tax year. They may be helpful for, but not limited to, Schedule D. Please consult with your tax advisor or financial advisor regarding specific questions.

Short-Term Realized Gain or (Loss)

This section is for covered securities and corresponds to transactions reported on your 1099-B as "cost basis is reported to the IRS." Report on Form 8949, Part I, with Box A checked.

Description	CUSIP Number	Quantity/Par	取得日 Date of Acquisition	売却日 Date of Sale	譲渡対価 Total Proceeds	取得価額 Cost Basis	Wash Sale Loss Disallowed	譲渡損益 Realized Gain or (Loss)
ARTIO INTL EQUITY FUND II	04315J845	4.81	04/10/12	06/20/12	$ 47.19	$ 49.12	$ 0.00	$ (1.93)
Security Subtotal					$ 47.19	$ 49.12	$ 0.00	$ (1.93)
FEDERATED TOTAL RETURN	31428Q507	64.58	04/10/12	09/05/12	$ 748.58	$ 737.61	$ 0.00	$ 10.97
Security Subtotal					$ 748.58	$ 737.61	$ 0.00	$ 10.97
Total Short-Term (Cost basis is reported to the IRS)					$ 795.77	$ 786.73	$ 0.00	$ 9.04

上掲は、株式譲渡損益のサマリーです。ここである程度の目星をつけてから、詳細を見ると理解しやすいでしょう。

以下は、年間合計の例です。

Realized Gain or (Loss) Summary

Total Realized Gain or (Loss)

Description		Total Proceeds	Cost Basis	Wash Sale Loss Disallowed	Realized Gain or (Loss)
Total Short-Term Realized Gain or (Loss) (Cost basis is reported to the IRS. Report on Form 8949, Part I, with Box A checked.)	$	795.77	$ 786.73	$ 0.00	$ 9.04
Total Short-Term Realized Gain or (Loss) (Cost basis is available but not reported to the IRS. Report on Form 8949, Part I, with Box B checked.)	$	2,010.78	$ 1,999.97	$ 0.00	$ 10.81
Total Short-Term Realized Gain or (Loss)	$	2,806.55	$ 2,786.70	$ 0.00	$ 19.85
Total Long-Term Realized Gain or (Loss) (Cost basis is available but not reported to the IRS. Report on Form 8949, Part II, with Box B checked.)	$	18,668.40	$ 17,636.36	$ 0.00	$ 1,032.04
Total Long-Term Realized Gain or (Loss)	$	18,668.40	$ 17,636.36	$ 0.00	$ 1,032.04
TOTAL REALIZED GAIN OR (LOSS) 譲渡損益合計	$	21,474.95	$ 20,423.06	$ 0.00	$ 1,051.89

譲渡所得合計：ここがプラスになっていても、各取引毎に円換算すると為替レートによりマイナスになる可能性あり。

ポイント

ここだけを見て損失だからと安心はできません。外貨で損失が出てい

ても日本円に換算すると譲渡益が出るケースもあるからです。

CoffeBreak

　日本の金融機関の資料の読み取りも難しい場合がありますが、外国の金融機関の資料の読み込みは、慣れていないと難解です。私も最初は、何が何だかさっぱりわからず、数字と英語の羅列を見ただけで頭がクラクラしていました。しかし、慣れてくるとだんだんと察しがつくようになります。

　外国の金融機関に投資をしているクライアントは非常に多いです。最近、日本でも投資を勉強して積極的に資産運用をする方が増えましたが、外国の方はほとんどの方が投資をしているといっても過言ではありません。少ない金額であっても貯金をせず投資に回しているケースが多いように思います。

　私は独立してから、多くの外国人の方の相談にのっていますが、日本人との違いに驚かされました。ある日、税務相談にいらしたクライアントからこう言われました。「日本人は、利息がほとんどつかない貯金ばかりして、投資をほとんどしないことが信じられない。」それほど外国の方にとって、投資によって所得を得ることは当たり前のことのようです。

第 4 章　事例紹介

1. 出国後に支給される給与の取扱い

　外国人駐在員が日本での勤務が終了して帰国するとき、あるいは、日本人が海外駐在のため日本から出国するとき、税務上のステイタスは「居住者」から「非居住者」へと変わります。

　「居住者」とは、日本国内に「住所」を有する、又は現在まで引き続き1年以上「居所」を有する個人をいい、居住者以外の個人を「非居住者」とすると所得税法で規定されています。

　居住者が海外に出国する際、下記に当てはまる場合には日本国内に住所がないと推定され、非居住者の扱いになります。

・海外勤務者の海外における勤務期間が契約等においてあらかじめ<u>1年以上と定められている</u>場合
・海外勤務者の海外における勤務期間が契約等においてあらかじめ<u>1年未満と定められていない</u>場合

　ここでは非居住者になってから支払いを受ける給与、賞与についての取扱いを説明します。

　具体的な計算例は下記のとおりです。

(1) 給与計算期間の中途で出国した場合
質問　当社（内国法人）に勤務する外国人従業員が、4月20日まで勤

務し、4月20日に出国しました。給与計算の締め日は毎月月末、給与支
給日は翌月15日です。非居住者になってから4月分を支給されますが、
源泉徴収税額はどのように計算すればよいでしょうか。

　　　給与計算期間4/1～4/30　月末締め、翌月15日払給与
　　　　　　　　4/1～4/20　国内勤務
　　　　　　　　4/20　　　　出国
　　　　　　　　5/15　　　　給与計算期間4/1～4/30の給与を支払

回答　　4月分の給与の計算期間が1月以下であるため、源泉徴収しな
くて差し支えありません。
　下記通達の下線部分をご覧ください。

---

*所得税基本通達212-5（給与等の計算期間の中途で非居住者となった者
の給与等）*

*給与等の計算期間の中途において居住者から非居住者となった者に
支払うその非居住者となった日以後に支給期の到来する<u>当該計算期
間の給与等のうち、当該計算期間が1月以下であるものについては、</u>
その給与等の全額がその者の国内において行った勤務に対応するも
のである場合を除き、<u>その総額を国内源泉所得に該当しないものと
して差し支えない。</u>*

⑵　**給与計算期間後に出国した場合**

質問　　当社（内国法人）に勤務する外国人従業員が、4月30日まで勤
務し、翌月10日に出国しました。月末が給与計算の締め日、翌月15日が
給与支給日の会社です。非居住者になってから4月分の給与を支給され

ますが、どのように源泉徴収税額を計算すればよいでしょうか。

　　給与計算期間4/1〜4/30　月末締め、翌月15日払給与
　　　　　　　　　4/1〜4/30　国内勤務
　　　　　　　　　5/10　　　　出国
　　　　　　　　　5/15　　　　給与計算期間4/1〜4/30の給与を支払

回答　　5/15に支給する給与は国内で行った勤務に対応するため、全額が課税対象となります。下記通達の下線の部分をご覧ください。

所得税基本通達212-5（給与等の計算期間の中途で非居住者となった者の給与等）

給与等の計算期間の中途において居住者から非居住者となった者に支払うその非居住者となった日以後に支給期の到来する当該計算期間の給与等のうち、当該計算期間が1月以下であるものについては、<u>その給与等の全額がその者の国内において行った勤務に対応するものである場合を除き、</u>その総額を国内源泉所得に該当しないものとして差し支えない。

　なお、非居住者に対する国内源泉所得の支払は、20.42％にて源泉徴収が行われて課税が完結します。年末調整には含めません。

(3) 出国後の賞与支払

質問　　当社（内国法人）に勤務する外国人従業員が、7月31日まで国内で勤務していました。賞与計算期間は4月1日〜9月30日ですが、その中途である7月31日に出国しました。海外でも当社のために仕事をし

ています。11月30日に3,000,000円の賞与を支給しますが、どのように源泉徴収税額を計算すればよいでしょうか。

賞与計算期間 4 / 1 ～ 9 /30　賞与額　3,000,000円

　　　　　4 / 1 ～ 7 /31　国内勤務

　　　　　7 /31　　　　　出国

　　　　　11/30　　　　　賞与計算期間 4 / 1 ～ 9 /30の賞与を支払

回答　　国内勤務分を国内源泉所得、国外勤務分を国外源泉所得として分けて計算をします。

⇒所得税基本通達212- 5 の「計算期間が 1 月以下であるもの」に該当しないため、出国時を境に国内源泉所得と国外源泉所得に按分します。国内源泉所得に対応する部分について20.42％で源泉徴収して課税が完結します。国外勤務に対応する部分は、「非居住者の国外源泉所得」のため日本で課税はありません。現地で申告納税が行われます。

国内源泉所得

3,000,000円 × 4 月 ÷ 6 月 = 2,000,000円

源泉徴収額　2,000,000円×20.42％ = 408,400円

支払額　　　3,000,000円 − 408,400円 = 2,591,600円

国外源泉所得

3,000,000円 − 2,000,000円 = 1,000,000円　日本では課税なし

【参考条文】

所得税法第2条（定義）

この法律において、次の各号に掲げる用語の意義は、当該各号に定めるところによる。

三　居住者　国内に住所を有し、又は現在まで引き続いて一年以上居所を有する個人をいう。

四　非永住者　居住者のうち、日本の国籍を有しておらず、かつ、過去十年以内において国内に住所又は居所を有していた期間の合計が五年以下である個人をいう。

五　非居住者　居住者以外の個人をいう。

所得税法第161条（国内源泉所得）

この編において「国内源泉所得」とは、次に掲げるものをいう。

十二　次に掲げる給与、報酬又は年金

イ　俸給、給料、賃金、歳費、賞与又はこれらの性質を有する給与その他人的役務の提供に対する報酬のうち、国内において行う勤務その他の人的役務の提供（内国法人の役員として国外において行う勤務その他の政令で定める人的役務の提供を含む。）に基因するもの

所得税法212条（源泉徴収義務）

非居住者に対し国内において第百六十一条第一項第四号から第十六号まで（国内源泉所得）に掲げる国内源泉所得（政令で定めるものを除く。）の支払をする者又は外国法人に対し国内において同項第四号から第十一号まで若しくは第十三号から第十六号までに掲げる国内源泉所得（第百八十条第一項（恒久的施設を有する外国法人の受ける国

内源泉所得に係る課税の特例）又は第百八十条の二第一項若しくは第
二項（信託財産に係る利子等の課税の特例）の規定に該当するもの及
び政令で定めるものを除く。）の支払をする者は、その支払の際、こ
れらの国内源泉所得について所得税を徴収し、その徴収の日の属す
る月の翌月十日までに、これを国に納付しなければならない。

所得税法213条（徴収税額）
前条第一項の規定により徴収すべき所得税の額は、次の各号の区分
に応じ当該各号に定める金額とする。
一　前条第一項に規定する国内源泉所得（次号及び第三号に掲げるも
のを除く。）その金額（次に掲げる国内源泉所得については、それぞれ次
に定める金額）に百分の二十の税率を乗じて計算した金額

所得税法施行令第15条（国内に住所を有しない者と推定する場合）
国外に居住することとなった個人が次の各号のいずれかに該当する
場合には、その者は、国内に住所を有しない者と推定する。
一　その者が国外において、継続して一年以上居住することを通常
必要とする職業を有すること。

所得税基本通達3-3（国内に居住することとなった者等の住所の推定）
国内又は国外において事業を営み若しくは職業に従事するため国内
又は国外に居住することとなった者は、その地における在留期間が
契約等によりあらかじめ1年未満であることが明らかであると認め
られる場合を除き、それぞれ令第14条第1項第1号又は第15条第1
項第1号の規定に該当するものとする。

2．日本在住オーストラリア人が中国の映画会社に対して行う役務提供

質問　私は、オーストラリア人（永住者）です。職業はテレビ番組、映画、CM等の制作をするクリエイターです。中国の会社から依頼を受けて、中国でCMを制作しました。撮影が終わり、その中国の会社から報酬を受け取る際に、中国で源泉徴収が必要といわれ10％引かれました。これは、日本で確定申告をするときに外国税額控除を受けることができますか。

回答　日本で外国税額控除を受けることはできません。

考え方　日中租税条約14条（自由職業所得）では下記のように書かれています。

一方の締約国の居住者が自由職業その他の独立の性格を有する活動について取得する所得に対しては、その者が自己の活動を行うため通常使用することのできる固定的施設を他方の締約国内に有せず、かつ、その者が当該年を通じ合計183日を超える期間当該他方の締約国内に滞在しない限り、当該一方の締約国においてのみ租税を課することができる。

　日本の居住者が中国で役務提供を行い、対価を受け取る場合、中国において固定的施設（Permanent Establishment,いわゆるPE）を持っておらず、さらに183日を超えない場合は、日本の課税のみと規定されています。

　ご質問の場合、その中国の会社が源泉徴収をしたことが間違っていたことになります。そのような場合は、日本で外国税額控除を受けるのでなく、中国で還付請求を行うことが正しい取扱いとなります。

CoffeBreak

　外国で支払った所得税（源泉税含む）のすべてが、日本で外国税額控除の対象となるわけではありませんが、当社に相談に来られる方の中には「外国で支払いをした所得税は、日本での外国税額控除の対象になる」と誤解をされているケースがあります。今回のように、租税条約において規定があるにもかかわらず、誤納付をしたものは、納付をした国に還付請求をして返金してもらう必要があります。

　誤って他国で納付したものまで日本で外国税額控除をしては、日本が確保できるはずの税額が徴収できなくなってしまいます。

　また、国によっては、誤って納付したものを還付請求しても手続きに非常に時間がかかったり、何度も催促しないと返金してもらえないなどのケースも多いので、注意が必要です。

3．パイロットの税務の取扱い

質問　アメリカ在住のパイロットＡさんは、パナマに本店を構える人材派遣会社から日本の大手航空会社J社に派遣されてJ社の航空機の操縦をしています。給料は、パナマに本店のある人材派遣会社から毎月支給されています。Ａさんは日本で申告をする必要があるのでしょうか？

回答　ＡさんがJ社の航空機に搭乗して行う勤務は、<u>国内源泉所得として日本で課税されます</u>ので、日本で確定申告が必要になります。

解説　非居住者であるＡさんは、日本の国内源泉所得がある場合は、日本で申告及び納税が必要となります。

　どのような所得が、国内源泉所得になるのか見てみましょう。

ステップ① 所得税法161条をみると、国内源泉所得が列挙されています。
（国税庁ホームページのタックスアンサー "No.2878国内源泉所得の範囲" が参考になります。）

　法161条第12号イでは、以下のように規定されています。

> *俸給、給料、賃金、歳費、賞与又はこれらの性質を有する給与その他人的役務の提供に対する報酬のうち、国内において行う勤務その他の人的役務の提供（内国法人の役員として国外において行う勤務<u>その他の政令で定める人的役務の提供</u>を含む。）に基因するもの*

「その他の政令で定める人的役務の提供を含む。」と書いてありますので、次にAさんの勤務が国内において行う勤務に該当するか否かを、所得税法施行令285条を確認すると、次のように規定されています。

「法第百六十一条第一項第十二号イ（国内源泉所得）に規定する政令で定める人的役務の提供は、次に掲げる勤務その他の人的役務の提供とする。

一　内国法人の役員としての勤務で国外において行うもの（当該役員としての勤務を行う者が同時にその内国法人の使用人として常時勤務を行う場合の当該役員としての勤務を除く。）
二　居住者又は内国法人が運航する船舶又は航空機において行う勤務その他の人的役務の提供（国外における寄航地において行われる一時的な人的役務の提供を除く。）」

二を読むと、日本の会社が運航する航空機において行う役務提供は国内源泉所得となることが明確になります。

ステップ②　次に、日米租税条約を確認します。

日米租税条約14条３項に、下記のように規定されています。

一方の締約国の企業が国際運輸に運用する船舶または航空機内において行われる勤務に係る報酬に対しては、当該一方の締約国において租税を課することができる。

つまり、国内法と同じ考え方です。

CoffeBreak

　外国の人材派遣会社から給料をもらっている外国人パイロットからの相談が、時折寄せられます。

　パイロットの給与を支給する会社は、タックスヘイブンといわれる軽課税国にあることが多いようです。彼らは日本の航空会社の飛行機の操縦をしているものの、日本には成田空港や関西空港近くのホテルに数日滞在するのみで再び飛び立つため、日本での税務申告の必要性について認識していないケースが多いかもしれません。

　相談に訪れる方々は、次の 2 つのパターンが多いです。一つは、「どこの国にも納税していないが、これで大丈夫なのか？」という疑念を抱いているケース、もう一つは、居住国で納税証明書が必要になり、そのために当社に支援を求めるケースです。クライアントの話では、同僚のパイロットたちの間では、実際には日本での税務申告が必要なのではないかと感じていても実際に申告納税している人はほとんどいないとのことです。この状況は、私たちの事務所内に大きな驚きをもたらしました。

　一般的に、日本の大手航空会社が外国人パイロットを直接雇用せず、代わりにタックスヘイブン国にある派遣会社を利用すること自体は、法的には問題ありません。しかしながら、大手航空会社は、パイロットに対して正しい税務申告の方法について指導する社会的責任があると思います。

　今回の事例では、非居住者の方の税務取扱いについて説明しましたが、中には日本に在住しているケースもあります。日本在住であっても、J 社や A 社から直接給料を受け取っておらず、海外の人材派遣

会社法人から給料を受けていることが一般的です。以前、相談に来られたパイロットの方も、タックスヘイブン国にある派遣会社から毎月の給料が支払われており「日本で申告納税をする必要がある」ことを知らず、数年間にわたり日本での税務申告を怠っていました。

　結果として、膨大な額の税金および無申告加算税などを支払わなければならなくなりました。

4．エキスパット（駐在員）の住民税節税—引っ越しのタイミング

質問　「住民税の賦課期日は 1 月 1 日」と聞いたので、12月中に住民基本台帳から抹消しておこうと思います。実際の引っ越しは翌年 1 月でも住民税はかかりませんか。

回答　実際の引っ越しが 1 月ということは、1 月 1 日時点では実質的に住所があるとみなされるため、基本的には住民税がかかる可能性は高いと思われます。

　通常、住民税の課税対象は住民票の有無により判断されますが、住民基本台帳に登録されていない場合でも、実際に住んでいるとみなされる場合、課税されることがあります。

　ここで地方税の条文を確認しましょう。

　住民税の賦課期日は 1 月 1 日です。その根拠条文は下記です。

地方税法第39条　（個人の道府県民税の賦課期日）

個人の道府県民税の賦課期日は、当該年度の初日の属する年の一月一日とする。

地方税法第318条（個人の市町村民税の賦課期日）

個人の市町村民税の賦課期日は、当該年度の初日の属する年の一月一日とする。

さらに「地方税法の施行に関する取扱いについて（いわゆる"取扱通知"）」（市町村税関係）の第2章第4節第5一般的事項32に下記のように書かれています。

市町村民税（分離課税に係る所得割を除く。）の賦課期日は1月1日とされているので納税義務の有無に関する事実の認定は、同日の現況においてこれを行うものであること。

CoffeBreak ❶

　ある大手税理士法人では、12月に日本での勤務が終了するエキスパット（駐在員）に対して、もし旅行する予定がある場合、12月31日までに出国するようアドバイスしていると聞きます。実際に出国した日が1月1日を超えていた場合、住民基本台帳に登録されていなくても「日本に住んでいる」とみなされるリスクを回避するためです。

CoffeBreak ❷

　数年前、著名な大学教授であり政治家でもある方が、年内に出国して1年以上経った後に住民票を戻すことで、多額の住民税を回避したという事例が大きな議論を引き起こしました。

　もともと1年以上海外で生活する予定で転居したのであれば問題はありませんが、このケースでは租税回避の疑念が生じたため、大きな注目を浴びました。

5．エキスパット（駐在員）の住民税節税—退職金を受け取るタイミング

質問　エキスパット（駐在員）が、日本の会社を退職して本国に帰国する予定です。退職金を出国前に受け取る場合と出国後に受け取る場合の違いはありますか。

回答　出国前に退職金を受け取る場合と、出国後に退職金を受け取る場合の住民税の取扱いは異なります。出国後に受け取る場合には住民税の課税はありません。

解説　基本的に住民税は前年課税といって前年の所得を基準として、翌年度に課税する制度です。

　しかし、退職所得は違います。退職した年の1月1日現在における住所地の道府県および市町村が所得割を課する「現年課税」が採用されています。

地方税法第50条の2（退職所得の課税の特例）

第24条第1項第1号の者が退職手当等（所得税法第199条の規定によりその所得税を徴収して納付すべきものに限る。以下本目において同じ。）の支払を受ける場合には、当該退職手当等に係る所得割は、第32条、第35条及び第39条の規定にかかわらず、当該退職手当等に係る所得を他の所得と区分し、本目に規定するところにより、当該退職手当等の支払を受けるべき日の属する年の1月1日現在におけるその者の住所所在の道府県において課する。

> **第328条（退職所得の課税の特例）**
>
> 第294条第1項第1号の者が退職手当等（所得税法第199条の規定によりその所得税を徴収して納付すべきものに限る。以下本款において同じ。）の支払を受ける場合には、当該退職手当等に係る所得割は、第313条、第314条の3及び第318条の規定にかかわらず、当該退職手当等に係る所得を他の所得と区分し、本款に規定するところにより、当該退職手当等の支払を受けるべき日の属する年の1月1日現在におけるその者の住所所在の市町村において課する。

地方税法50条の2も、328条も、「所得税法199条の規定によりその所得税を徴収して納付すべきものに限る」と書かれています。そこで、199条をみると下記の記載があります。

> **第199条（源泉徴収義務）**
>
> 居住者に対し国内において第30条第1項（退職所得）に規定する退職手当等（以下この章において「退職手当等」という。）の支払をする者は、その支払の際、その退職手当等について所得税を徴収し、その徴収の日の属する月の翌月10日までに、これを国に納付しなければならない。

「居住者」と規定されています。つまり、非居住者は除外されると解釈できます。

CoffeBreak

　最近、当社のクライアントで、出国してから退職金を受け取るケースがありました。念のためその方の住む市町村に電話で問い合わせ

したところ、「非居住者になって退職金を受け取った場合は、課税できないんですよね。」とのことでした。

　12月31日までに出国することで、翌年の住民税を節約できることは既に述べた通りです。同じく出国に関する情報として、退職所得にかかる住民税は、居住者の状態で受け取る場合には課税されるものの、非居住者になってから受け取る場合には課税されないという点は、広く知られていないかもしれません。もしご質問者のクライアントにこの該当事項がある場合、ぜひアドバイスしてあげてください。

6．非居住者の退職所得の取扱い―会社から受け取る退職金（従業員の場合）

質問　退職金の住民税についての取扱いは理解できました。それでは、所得税はどのように取扱いをすべきでしょうか。

回答　非居住者（従業員）が受け取る退職金にかかる所得税は、原則的には20.42％の源泉徴収で課税関係が完結しますが、納税者の選択により、「退職所得の選択課税」という制度を利用することも可能です。

解説

原則的な取扱い

　非居住者（従業員）が受け取る退職金のうち国内源泉所得に該当する部分に関しては、日本で課税が行われます。原則として、20.42％の源泉徴収で課税関係が完結します。

　所得税161条1項12号ハに下記のように規定されています。

> 第30条第1項（退職所得）に規定する退職手当等のうちその支払を受ける者が居住者であつた期間に行つた勤務その他の人的役務の提供（内国法人の役員として非居住者であつた期間に行つた勤務その他の政令で定める人的役務の提供を含む。）に基因するもの

　つまり、従業員の場合、日本の居住者として勤務をしていたことに基因して、出国した後に受け取った退職金は、国内源泉所得として日本で課税が行われます。20.42％の源泉徴収で課税関係が完結します（所得税

法169、170条、復興財確法28条）。

　詳細は、国税庁タックスアンサー「No.2884源泉徴収義務者・源泉徴収の税率」を参照してください。

例外的な取扱い

　この20.42％という税率は、退職所得控除が加味されず、退職収入に20.42％の税率で源泉徴収がされるため、居住者が受け取る退職金の税額と比較して、税負担が重くなることがあります。そこで、納税者の選択により「退職所得の選択課税」を受けることができます。

（退職所得についての選択課税）

第百七十一条　*第百六十九条（課税標準）に規定する非居住者が第百六十一条第一項第十二号ハ（国内源泉所得）の規定に該当する退職手当等（第三十条第一項（退職所得）に規定する退職手当等をいう。以下この節において同じ。）の支払を受ける場合には、その者は、前条の規定にかかわらず、当該退職手当等について、その支払の基因となつた退職（その年中に支払を受ける当該退職手当等が二以上ある場合には、それぞれの退職手当等の支払の基因となつた退職）を事由としてその年中に支払を受ける退職手当等の総額を居住者として受けたものとみなして、これに第三十条及び第八十九条（税率）の規定を適用するものとした場合の税額に相当する金額により所得税を課されることを選択することができる。*

　下記のような流れで、退職所得の選択課税申告書の作成及び提出をします。

6. 非居住者の退職所得の取扱い―会社から受け取る退職金（従業員の場合）

(1) 納税管理人の届出手続

国税庁ホームページ「所得税・消費税の納税管理人の届出手続き」
https://www.nta.go.jp/taxes/tetsuzuki/shinsei/annai/shinkoku/annai/07.htm

　非居住者の申告には<u>納税管理人を選任</u>することが必要です。税理士が納税管理人になることが多いと思われますが、納税管理人の業務は、特に専門知識が必要というわけではなく、納税者の家族など日本の居住者に依頼することも可能です。

　なお、納税管理人の届出書は必ず出国前に提出することが重要です。納税管理人の届出書を提出せずに出国すると、出国日が申告書の提出期限となってしまいます。つまり、届出書を出さずに出国すると無申告加算税が課される可能性が生じます。出国日までに納税管理人の届出書を提出すれば、通常の確定申告と同じように翌年3月15日が提出及び納付期限となります。

(2) 申告書作成および提出

　一般的な確定申告書のフォームを使います。申告書作成ソフトが退職所得の選択課税に対応している場合は、それを利用して電子申告ができます。未対応の場合は郵送で行います。

　非居住者に対する退職金の支払い時には、退職収入に対し20.42％で源泉徴収されており、基本的にはそれで完結します。そのため、申告書を提出する場合は還付を目的としていると考えられます。非居住者は日本の銀行口座を閉鎖してから出国されることが多いので、確定申告書第一表の銀行口座の欄には、納税管理人の銀行口座を記入します。納税者と口座名義が異なる場合、還付に時間がかかることや税務署から問い合わせが入ることがあるため、納税管理人の名前を申告書の住所・氏名欄に

納税者の住所氏名とともに記載します。

　　税法とは関係ない話ですが、一般的には、非居住者は日本の普通
預金口座は維持できません。しかし、その納税者が日本の銀行口座
を保有している場合は、本人の口座を記入しても問題ありません。

　なお、非居住者が受け取る退職金で、国外払いで日本にPEがないため
にみなし国内払いの適用（所得税法212条１項）がなく、源泉徴収されて
いない場合は、下記の準確定申告といわれている172条に基づいたフォー
ムで申告をします。

国税庁ホームページ「所得税及び復興特別所得税の準確定申告」
https://www.nta.go.jp/taxes/tetsuzuki/shinsei/annai/shinkoku/annai/pdf/027.pdf

　外国人の方から出国前に相談を受けるケースが多くあります。そのと
きに下記のような計算をして、退職所得の選択課税を選択した方が有利
かどうかを説明をします。

（例）日本の会社に４年２か月勤務していた方が、出国後に退職所得を
　　　98,180,000円受け取る場合
※税理士の先生方がクライアントに報告するときに、数字を変えて文章
　をそのまま使えるように、説明を英語で書きます。

１．原則　Basic treatment
　　98.18×20.42％＝20mil yen（company withhold income tax）

2．選択課税　Taxation on retirement income at the taxpayers option

$(98,180,000 - 2,000,000^*) \times 1 / 2 = 48,090,000$（a）

（a）$\times 45\% - 4,796,000 = 16,844,500$（b）

（b）$\times 102.1\% = 17,198,234$　Yen

＊退職所得控除額　400,000円× 5 年（ 4 年 2 か月）＝2,000,000円

　例示の場合、選択課税の方が有利ということがわかります。有利不利が退職収入の金額や退職所得控除の金額によって変わってきますので、その都度確認する必要があります。

7．非居住者の退職所得の取扱い—会社から受け取る退職金（役員の場合）

質問　非居住者である役員が受け取る退職金の取扱いについて教えてください。

回答　内国法人の役員が非居住者として勤務していたことに基因して受け取る退職所得は、国内源泉所得となります。たとえ国外で勤務をしていたとしても、役員報酬と同様、国内源泉所得になります。基本的には20.42％の源泉徴収が行われますが、納税者の選択により「退職所得の選択課税」を利用することも可能です。

所得税法施行令第二百八十五条　法第百六十一条第一項第十二号イ（国内源泉所得）に規定する政令で定める人的役務の提供は、次に掲げる勤務その他の人的役務の提供とする。

一　内国法人の役員としての勤務で国外において行うもの（当該役員としての勤務を行う者が同時にその内国法人の使用人として常時勤務を行う場合の当該役員としての勤務を除く。）

8．厚生年金保険の脱退一時金

質問　エキスパット（駐在員）が会社を退職して日本を離れたとき、日本年金機構での手続きを踏むことで、日本の厚生年金の脱退一時金を受け取ることができますが、源泉所得税が差し引かれると聞きました。その源泉所得税は払いっぱなしになるのでしょうか。

回答　厚生年金の脱退一時金を受け取る際に、所得税法上は退職所得として扱われます。したがって、基本的には20.42％の源泉徴収で完結しますが、場合によっては「退職所得の選択課税」を選び申告をすることで有利となる場合もあります。特に退職所得が他にもある場合は、試算行い、有利不利の判断をすることになります。

解説　厚生年金の脱退一時金とは、日本国籍を有していない方が、年金資格を喪失して、日本を出国してから2年以内に、日本年金機構に請求したときに支給されるものです。受給資格期間が10年以上ある方は脱退一時金を受け取ることはできません。納められた分は、将来、日本の老齢年金として受け取ることになります。

　脱退一時金に関する詳しい情報は、日本年金機構のウェブサイトに掲載されています。

　クライアントからよく質問される「いくらくらい還付されるのか。」という点に関する計算方法もこちらで確認できます。

日本年金機構ホームページ「脱退一時金の制度」
https://www.nenkin.go.jp/service/jukyu/sonota-kyufu/dattai-ichiji/20150406.html

　日本と社会保障協定を結んでいる国へ移動する場合、年金を継続することが可能です。クライアントが一時金として受け取るべきか迷っているときは、社会保障協定に詳しい社会保険労務士に相談することをお勧めしています。

　ちなみに、脱退一時金を受け取ると、年金の加入期間として通算することができなくなります。

CoffeBreak

　当社のイギリス人のクライアントで、イギリスに帰国された方がいらっしゃいます。その方は、日本の厚生年金に10年以上加入していたため、脱退一時金を受け取ることはできませんでした。将来、日本の年金を受け取ることになるのですが、日本の年金事務所に問い合わせたところ、その方が受給できる年齢である65歳になっても通知はいかないとのことです。65歳になったら、自分から年金事務所に問い合わせして受給の手続きをしてください。」と言われました。その方は忘れないようにGoogleカレンダーに入れておくと言っていましたが、受給のときに外国にいるために通知が来ないため受け取っていない方がいるのではないかと思いました。今後は日本に住所がなくても通知が届くような制度ができるとよいなと思いました。

▌9．外国に一人会社を保有している場合の課税リスク

質問　私は日本の居住者（永住者）です。外国で会社を設立していま
す。株主および取締役は自分だけです。日本にある自宅の一室で、イン
ターネットを通してコンサルティングの仕事をしています。気を付ける
べき税務上の観点があれば教えていただけますでしょうか。

回答　PEリスクが生じる可能性が高いと思われます。

解説　当社の税務相談に来られる外国人の方で、このようなご質問は
多くいただきます。

　香港やシンガポール、あるいはアメリカなどに会社を持っているが、
オフィスもなく、従業員もいない、いわゆるペーパーカンパニーの状態
で自分自身は日本にいながらその会社の仕事を行っているというケース
です。

　そのようなケースで気を付けなければいけない点は、下記のとおりで
す。

PEリスク

　恒久的施設（Permanent Establishment：PE）というのは、一般的に事
業を行う一定の場所をいいます。国際的なルールでは「PEなければ課税
なし」となっており、その国にPEを有していない非居住者や外国法人は、
事業所得への課税はないとされています。

　ご質問の一人会社の場合、その方の自宅で仕事をされるケースが多い
と思います。その場合、自宅がPEと認定される可能性があります。

所得税法第2条には下記のように書かれています。

第2条　定義

八の四　恒久的施設　次に掲げるものをいう。ただし、我が国が締結した所得に対する租税に関する二重課税の回避又は脱税の防止のための条約において次に掲げるものと異なる定めがある場合には、その条約の適用を受ける非居住者又は外国法人については、その条約において恒久的施設と定められたもの（国内にあるものに限る。）とする。

イ　非居住者又は外国法人の国内にある支店、工場その他事業を行う一定の場所で政令で定めるもの

次に、「政令で定めるもの」とは何か、所得税法施行令を確認します。

所得税法施行令（恒久的施設の範囲）

第一条の二　法第二条第一項第八号の四イ（定義）に規定する政令で定める場所は、国内にある次に掲げる場所とする。

一　事業の管理を行う場所、支店、事務所、工場又は作業場

二　鉱山、石油又は天然ガスの坑井、採石場その他の天然資源を採取する場所

三　その他事業を行う一定の場所

つまり、自宅で仕事をしている場合、自宅が事業の管理を行う場所としてPEとみなされる可能性があります。租税条約が締結されている国にその会社を設立している場合は、租税条約も確認する必要があります。

PEについては、国税庁ホームページタックスアンサー "No.2883恒久的施設（PE）（令和元年分以後）" がわかりやすくまとめられているため、一読をお勧めします。

もしPEと認定された場合、そのPEに帰属する所得は、日本での申告対象となる国内源泉所得として扱われます。一人会社の特性上、会社の本店所在地である国で誰も仕事をしていないと仮定すると、その本店に帰属する所得は基本的になく、全ての所得が日本に帰属するという解釈が成り立つでしょう。

そのため、あなたの会社が本店所在地である国で法人税の申告をしていたとしても、日本におけるPEに帰属する所得を、日本で申告をすることが求められます。その場合、二重課税が発生しますので、本国で法人税の申告の際には、日本で納税した法人税について、外国税額控除の適用が考えられます。ただし、二重課税の排除の方法は国によって異なるため、外国税額控除以外の方法が適用されるケースも考えられます。

CoffeBreak ☕

　以前、イスラエルからご主人の仕事の転勤に伴い日本に来られた女性がいらっしゃいました。彼女はイスラエルで会社を設立し、その会社の仕事を日本の自宅で行っていました。PEについて説明したところ、日本での税務の取扱いを理解して、実際に日本の法人税の申告を行いました。

　ただ、一人会社で、両国に申告することは、コスト面からみると大きな負担になると予想されます。そのため多くのケースでは、日本で新たに会社を設立し外国の会社は休眠にしておくか、日本では個人事業を行う方法を選ばれています。

10. 外国の会社から支給される給与の計算方法

質問　日本に住むイギリス人（非永住者）です。イギリスの会社の東京オフィスで仕事をしています。毎月の給料は、イギリスの会社からイギリスの銀行口座で受け取っています。また、日本の会社から支給される給与もあります。日本での課税所得はどのように計算したらよいのでしょうか。

回答　日本の会社から受け取る給料（国内払いの給与）とイギリスの会社から受け取る給料（国外払いの給与）を分けて考えます。どちらの給料も、海外出張部分は国外源泉所得、国内で勤務した部分は国内源泉所得になります。国外払いの国外源泉所得は、非永住者の場合、送金をしない限り日本では課税されません。

（国内払いの給与）

　国内払いの給与、つまり源泉徴収票をもらう給料のうち、海外出張の日数分は国外源泉所得となります。これは「国内で支払われた国外源泉所得」となるため、日本で課税対象になります。

　非永住者の課税所得の範囲に係る所得税法の条文は、下記のとおりです。

> **第7条　課税所得の範囲**
>
> 所得税は、次の各号に掲げる者の区分に応じ当該各号に定める所得について課する。
>
> 二　非永住者　第九十五条第一項（外国税額控除）に規定する国外源泉所得（国外にある有価証券の譲渡により生ずる所得として政令で定めるものを含む。以下この号において「国外源泉所得」という。）以外の所得及び**国外源泉所得で国内において支払われ、又は国外から送金されたもの**

（国外払いの給与）

　国外払いの給与も、海外出張の日数分は国外源泉所得とされます。そして、非永住者であれば、日本で受け取るか日本に送金しない限り、国外払いの国外源泉所得となるため、日本では課税されません。

> **所得税基本通達95-29（非永住者の外国税額控除の対象となる外国所得税の範囲）**
>
> 非永住者が法第7条第1項第2号《課税所得の範囲》に規定する所得以外の所得に対して外国又はその地方公共団体により課された税は、法第95条《外国税額控除》の対象とされる外国所得税には該当しないのであるから、当該税については同条の規定の適用はないことに留意する。

　ただし、この説明はあくまで国内法に基づいたものです。ほとんどの国の租税条約も同じ考え方ですが、日米租税条約など一部の条約は別の考え方をしますのでご注意ください。

11．非永住者の送金課税─計算の仕方

　非永住者の課税ルールのひとつである「送金課税」は、外国人の方の間でもよく知られています。しかし、「送金すれば課税」と誤解されている方が少なくありません。ここでは、非永住者の送金課税についての検討方法をご説明します。

　非永住者の課税所得をまず国外源泉所得と国内源泉所得※に分けます。
※以下、便宜上、非国外源泉所得を国内源泉所得とよびます。非国外源泉所得とは、国外源泉所得以外の所得をいいます（所令17条4項1号）。

　送金がある場合は、下記の要領で分析します。
⑴　海外で受領した国内源泉所得がある場合は、国内源泉所得から受けたものとみなします。
⑵　⑴の国内源泉所得の範囲に送金金額が収まれば、送金課税は発生しません。国内源泉所得は、非永住者でも課税されますので、国内源泉所得を送金したということで完了です。しかし、国内源泉所得を超える送金額がある場合（国内源泉所得＜送金金額）、国外源泉所得が送金されたとみなされ、送金課税が生じます。

　言葉で説明してもわかりにくいので、具体的な数字を使って説明します。

（例）海外で受け取った国外源泉所得50、国内源泉所得30、送金金額40の場合。

　　　送金金額40－国内源泉所得30＝10←これが課税対象となります。

　また、送金課税が生じる場合で、国外源泉所得の種類が配当、利子、譲渡などある場合は、各所得金額の割合で送金したとみなされますので、按分計算が必要になります。

例えば、

国外源泉所得

利子50、配当60（合計110）

送金した金額　90

送金された利子所得　90×　50/110　＝　41

送金された配当所得　90×　60/110　＝　49

と計算をします。

　送金課税の根拠条文は以下のとおりです。（通達も参考になるので掲載します。）

> **所得税法（課税所得の範囲）**
> 第七条　所得税は、次の各号に掲げる者の区分に応じ当該各号に定める所得について課する。
> 二　非永住者　第九十五条第一項（外国税額控除）に規定する国外源泉所得（国外にある有価証券の譲渡により生ずる所得として政令で定めるものを含む。以下この号において「国外源泉所得」という。）以外の所得及び国外源泉所得で国内において支払われ、又は国外から送金さ

れたもの

所得税法施行令第17条（非永住者の課税所得の範囲）

　4　法第七条第一項第二号に規定する国外源泉所得（以下この項において「国外源泉所得」という。）で国内において支払われ、又は国外から送金されたものの範囲については、次に定めるところによる。

一　非永住者が各年において国外から送金を受領した場合には、その金額の範囲内でその非永住者のその年における国外源泉所得に係る所得で国外の支払に係るものについて送金があつたものとみなす。ただし、その非永住者がその年における国外源泉所得以外の所得（以下この項において「非国外源泉所得」という。）に係る所得で国外の支払に係るものを有する場合は、まずその非国外源泉所得に係る所得について送金があつたものとみなし、なお残余があるときに当該残余の金額の範囲内で国外源泉所得に係る所得について送金があつたものとみなす。

所得税基本通達7-3（非永住者に係る課税標準の計算…送金を受領した場合）

非国外源泉所得及び国外源泉所得を有する非永住者で国外から送金を受領したものに係る課税標準は、次により計算する。（平28課2-4、課法11-8、課審5-5、平29課個2-13、課資3-3、課審5-5改正）

（1）　非国外源泉所得及び国外源泉所得の別ごとに法第23条から第35条まで（令第17条第4項第2号後段に規定する所得については、同号後段）の規定により各種所得の金額を計算する。

（2）　（1）により計算した非国外源泉所得及び国外源泉所得の別ご
との各種所得の金額を、令第17条第4項第3号の規定により、それ
ぞれ国内の支払に係るものと国外の支払に係るものとに区分する。

（3）　（2）により区分した国外の支払に係る各種所得の金額につい
て、非国外源泉所得及び国外源泉所得の別ごとに令第17条第4項第
2号前段に規定する合計額（以下この項において「国外払の合計額」と
いう。）を計算する。この場合において、国外源泉所得に係る国外払
の合計額が赤字となるときは、送金があったものとみなされる金額
はないものとして、次の（4）の計算は行わない。

（4）　送金の受領額から（3）により計算した非国外源泉所得に係
る国外払の合計額を控除した残額（当該国外払の合計額が赤字の場合
には、当該送金の受領額に相当する金額）と（3）により計算した国外
源泉所得に係る国外払の合計額とのうちいずれか少ない金額の送金
があったものとみなし、次に掲げる場合に応じ、それぞれ次により
その送金があったものとみなされる各種所得の金額を計算する。

イ　国外源泉所得に係る各種所得で国外の支払に係るものが1種類
だけの場合　　送金があったものとみなされる金額を当該各種所得
の金額とする。

ロ　国外源泉所得に係る各種所得で国外の支払に係るものが2種類
以上ある場合　　令第17条第4項第4号の規定を適用して送金が
あったものとみなされる当該各種所得の金額を計算する。

（5）（1）により計算した非国外源泉所得に係る各種所得の金額、
（2）により区分した国外源泉所得に係る各種所得で国内の支払に係
るものの金額及び（4）のイ又はロにより求めた各種所得の金額を
同種類のものごとに合計する。

（6）（5）により合計したそれぞれの各種所得の金額で令第17条第
4項第2号後段に規定する所得に係るものについては、7－2の（2）
のニと同様に当該各種所得の金額を計算する。

（7）（5）及び（6）により計算した各種所得の金額を基として、
法第22条の規定により総所得金額、退職所得金額及び山林所得金額
を計算する。

　ところで、海外で受け取った国内源泉所得とはどのようなものなのか
疑問に思う方がいるかもしれません。たとえば、ストック・オプション
やRSU（Restricted Stock Unit）など外資系企業が役員や従業員に付与す
ることの多い株式報酬がこれに該当します。これらの報酬は国外の親会
社から支払われることが一般的ですが、国内での勤務に基づいて得られ
た報酬の部分は国内源泉所得とみなされます（詳しくはRSUおよびストッ
ク・オプションの計算方法の項目をご覧ください。）。

CoffeBreak

　非永住者の送金課税の相談は定期的に寄せられます。その中には、
本国での投資（株式譲渡、配当、利子）を毎月日本に送金して生活資
金に充てている方がいらっしゃいます。以前、ご相談のあった方は
かなりの送金を毎月していたため、日本での課税所得も相当な額に

のぼりました。

　一方、外国税額控除の計算はどうなるでしょうか。本国での投資（配当、利子）からの所得は国外源泉所得に該当するため、初年度は外国税額控除の控除限度額計算しかできません。翌年からは、送金課税があったとしても、外国税額控除を使ってカバーできると考えられます。参考までに、株式譲渡所得は、租税条約等によりますが多くの国では居住地国課税のため国内源泉所得となるケースが多いです。

12. 非永住者の送金課税─国外所得でないお金を送金した場合

質問　私は来日してから1年になる外国人（非永住者）です。日本で不動産を購入するために、約5,000万円を母国から日本へ送金しようと思います。もともと母国で預金として持っていたお金を送金するだけなので、日本では課税がないと思っていますが、その理解で正しいでしょうか。

高齢のため決まった仕事はしておらず、日本で収入はありません。国外では若い時から投資をしており、年によって異なりますが、毎年、金融商品の運用益が約500万円あります。

回答　送金した年の国外源泉所得を上限に、日本で課税されます。

上記は、実際税務調査を受けた方の実例です。5年分税務調査されたのですが、年によっては、投資による所得（100％国外源泉所得）より送金金額の方が多い年もありました。その場合は、送金金額でなく、国外源泉所得の金額が課税対象となります。つまり、日本に送金した金額とその年に生じた国外源泉所得を比較して、少ない方が日本で課税されるということです。

ただ、国外源泉所得は日本で課税されたとしても、外国税額控除を使うことで理論上は日本で納税が発生しないということになります。今回のケースは投資による所得での源泉税が少なかったため日本で納税が発生しましたが、外国税額控除を利用することで、ご本人が心配していたよりも少額の納税で済みました。

13. 非永住者の送金課税―タックスプランニング

　国外所得をその年に送金せずに翌年以降に送金することで、タックスプランニングができるケースがあります。その年だけ多額の国外所得が発生していて、翌年には国外源泉所得がなければ、翌年に送金をすると送金課税が発生しないためです。ただし、ほとんどの外国人は、毎年コンスタントに国外源泉所得が発生します。その場合は翌年の国外源泉所得を限度として送金課税が行われます。知っていれば大したことはない話です。しかし、このようなアドバイスをしてくれる税理士は今までいなかったとよく言われます。もし非永住者からの送金課税の相談があれば、ぜひ教えてあげてください。

（例）

【前提】

2022年　国外源泉所得100、送金ゼロ

→送金課税ゼロ

【ケース1】

2023年　国外源泉所得　50、送金100（2022年の所得を送金）

→送金課税50（2022年の所得を送金した場合も、2023年の国外源泉所得があるので送金課税が発生します。）

【ケース2】

2023年　国外源泉所得　ゼロ、送金100（2022年の所得を送金）

→送金課税なし

　また、送金課税の対象となるのは、国内外の銀行口座間による送金だけではなく、海外の預金口座を決済口座とするクレジットカードでの決済やATMでの引き出しも対象とみなされます。

所得税基本通達7-6（送金の範囲）

法第7条第1項第2号に規定する送金には、国内への通貨の持込み又は小切手、為替手形、信用状その他の支払手段による通常の送金のほか、次に掲げるような行為が含まれる。（平19課法9-16、課個2-27、課審4-40、平29課個2-13、課資3-3、課審5-5改正）

（1）　貴金属、公社債券、株券その他の物を国内に携行し又は送付する行為で、通常の送金に代えて行われたと認められるもの

（2）　国内において借入れをし又は立替払を受け、国外にある自己の預金等によりその債務を弁済することとするなどの行為で、通常の送金に代えて行われたと認められるもの

14. 所得計算をするときに使用する為替レート

質問 外貨で得た所得の円換算するときの為替レートを教えてください。

回答 原則はTTMです。

下記の方法をとることも可能です。

＊**株式譲渡　収入TTB、取得費TTS**

根拠条文（措置法通達37の10・37の11共-6）

＊**不動産所得、事業所得、雑所得、山林所得　収入TTB、取得費TTS**

根拠条文（所得税法基本通達57の3-2ただし書）

措置法通達37の10・37の11共-6（外貨で表示されている株式等に係る譲渡の対価の額等の邦貨換算）

*一般株式等に係る譲渡所得等の金額又は上場株式等に係る譲渡所得等の金額の計算に当たり、株式等の譲渡の対価の額が外貨で表示され当該対価の額を邦貨又は外貨で支払うこととされている場合の当該譲渡の価額は、原則として、外貨で表示されている当該対価の額につき金融商品取引業者と株式等を譲渡する者との間の外国証券の取引に関する外国証券取引口座約款において定められている約定日におけるその支払をする者の主要取引金融機関（その支払をする者がその外貨に係る**対顧客直物電信買相場**を公表している場合には、当該支払をする者）の当該外貨に係る**対顧客直物電信買相場**により邦貨に換算した金額による。*

また、国外において発行された公社債の元本の償還（買入れの方法に

よる償還を除く。）により交付を受ける金銭等の邦貨換算については、記名のものは償還期日における対顧客直物電信買相場により邦貨に換算した金額により、無記名のものは、現地保管機関等が受領した日（現地保管機関等からの受領の通知が著しく遅延して行われる場合を除き、金融商品取引業者が当該通知を受けた日としても差し支えない。）における対顧客直物電信買相場により邦貨に換算した金額による。なお、取得の対価の額の邦貨換算については、対顧客直物電信売相場により、上記に準じて行う。

(注)　株式等の取得の約定日が平成10年3月以前である場合には、外国為替公認銀行の公表した対顧客直物電信売相場によることに留意する。

所得税基本通達57の3-2　（外貨建取引の円換算）

法第57条の3第1項（（外貨建取引の換算））の規定に基づく円換算（同条第2項の規定の適用を受ける場合の円換算を除く。）は、**その取引を計上すべき日（以下この項において「取引日」という。）**における対顧客直物電信売相場（以下57の3-7までにおいて「電信売相場」という。）と対顧客直物電信買相場（以下57の3-7までにおいて「電信買相場」という。）の**仲値**（以下57の3-7までにおいて「電信売買相場の仲値」という。）による。

　ただし、**不動産所得、事業所得、山林所得又は雑所得を生ずべき業務に係るこれらの所得の金額（以下57の3-3までにおいて「不動産所得等の金額」という。）の計算においては、継続適用を条件として、売上その他の収入又は資産については取引日の電信買相場、仕入その他の経費（原価及び損失を含む。以下57の3-4までにおいて同じ。）**

<u>又は負債については取引日の電信売相場によることができるものとする。</u>（平18課個2-7、課資3-2、課審4-89追加）

（注）

1　電信売相場、電信買相場及び電信売買相場の仲値については、原則として、その者の主たる取引金融機関のものによることとするが、合理的なものを継続して使用している場合には、これを認める。

2　不動産所得等の金額の計算においては、継続適用を条件として、当該外貨建取引の内容に応じてそれぞれ合理的と認められる次のような外国為替の売買相場（以下57の3-7までにおいて「為替相場」という。）も使用することができる。

（1）　取引日の属する月若しくは週の前月若しくは前週の末日又は当月若しくは当週の初日の電信買相場若しくは電信売相場又はこれらの日における電信売買相場の仲値

<u>（2）　取引日の属する月の前月又は前週の平均相場のように1月以内の一定期間における電信売買相場の仲値、電信買相場又は電信売相場の平均値</u>

　下線の箇所をご覧ください。取引日の仲値（TTM）することが基本です。しかし、取引が多い、取引日ごとにTTMで計算するのが難しい場合はその月の月平均TTMでも可能である旨が、2(2)に書かれています。
　さらに不動産所得、事業所得、山林所得及び雑所得については、継続適用を条件として、収入等については取引日のTTB、経費等については

TTSにより換算することができます。我々はクライアント有利になるように、収入はTTB、必要経費はTTSを使っています。

　どの銀行のTTBやTTSを使用したらよいか聞かれることがあります。基本的にはどの金融機関が公表しているレートでも問題ありません。事務所内では、三菱UFJ銀行のレート表を全員で共有しています。全員が同じ銀行のレートを使う方が、ミスが起こりにくくレビューもしやすいからです。また、譲渡所得の計算をする際には、自動で該当する日のレートで計算できるエクセルシートを活用しています。配当所得や利子所得は、その年の為替レートを使用するだけで簡単に計算ができます。一方、譲渡所得は、取得時と譲渡時の両方の為替レートが必要なので、手間がかかります。そこで、過去10年分のレートに対応できるエクセルを作って、譲渡損益の計算を行っています。

　どこを探してもTTMの記載がないと言われたことがあります。その場合は、TTBとTTSを足して2で割って出してください。

　譲渡損益についてですが、それぞれ取引日の取得価格額をTTSレート、売却価額をTTBレートで円換算すると、外貨ベースでは譲渡損が生じていても円に換算した金額では譲渡益になる場合があるので注意が必要です。その場合は、クライアントに説明をする方がよいと思います（外貨で損失計上しているのに、譲渡益が発生したら驚かれるケースは少なくありません。）。

15. 給与所得の源泉徴収票の金額を国外源泉所得と国外源泉所得以外の所得に分ける理由

質問 日本の会社から受け取る源泉徴収票はすべて国外源泉所得以外の所得（つまり国内源泉所得）と考えてよいのでしょうか。源泉徴収票の所得の中にも、国外源泉所得が含まれることはありますか。また、もし国外源泉所得が含まれている場合、日本で課税になるのに、何のために分けるのでしょうか。

回答 源泉徴収票の金額の中に国外源泉所得が含まれることはあります。源泉徴収票の所得はすべて給与所得です。給与所得の場合、海外で仕事をした日数分は、国外源泉所得になります。

国内払いの国外源泉所得は日本で課税されますが、外国税額控除の計算上、国外源泉所得が多い方が有利なので、国外源泉所得を按分する作業を行います。

解説 所得税法では、永住者（非永住者以外の居住者）、非永住者、非居住者の区分に応じて、日本における課税所得の範囲が異なってきます。

所得税法7条1項には下記のように書かれています。

> **第七条** 所得税は、次の各号に掲げる者の区分に応じ当該各号に定める所得について課する。
>
> 一 非永住者以外の居住者 全ての所得
>
> 二 非永住者 第九十五条第一項（外国税額控除）に規定する国外源泉所得（国外にある有価証券の譲渡により生ずる所得として政令で定め

るものを含む。以下この号において「国外源泉所得」という。）以外の所得及び国外源泉所得で国内において支払われ、又は国外から送金されたもの

三　非居住者　第百六十四条第一項各号（非居住者に対する課税の方法）に掲げる非居住者の区分に応じそれぞれ同項各号及び同条第二項各号に定める国内源泉所得

まとめると下記のようになります。
・永住者の課税所得　⇒国内及び国外において生じたすべての所得
・非永住者の課税所得⇒国外源泉所得以外の所得及び国外源泉所得で日本国内において支払われ、又は国外から送金されたもの
・非居住者の課税所得⇒国内源泉所得

　次に、具体的に源泉徴収票の金額を国内源泉所得と国外源泉所得に分ける方法をみていきましょう。

（例）給与収入45,000,000円（源泉徴収票の「支払金額」欄）
　　　トラベルスケジュールは下記のとおり。

Left Japan (MM/DD/YYYY) Business	Return to Japan (MM/DD/YYYY) Home leave Vacation	Country visited	Purpose of absence from JP				Total (days)
			Business	Home leave	Vacation		
2023/ 1 /20	2023/ 1 /22	United States	2				2
2023/ 4 / 3	2023/ 4 / 6	Taiwan	3				3
2023/ 8 / 8	2023/ 8 /25	United States			17		17
2023/ 9 / 5	2023/ 9 / 8	Hong Kong	3				1
		Total	8	0	17		25

国内収入を求める算式は下記のとおりです。

<u>A：給与収入×（365日 − Vacation&Home leave − Business trip）</u>

<u>÷（365日 − Vacation & Home leave）</u>

　上記算式の根拠となるものは、所得税基本通達161-41です。

> **所得税基本通達161-41（勤務等が国内及び国外の双方にわたって行われた場合の国内源泉所得の計算）**
>
> 非居住者が国内及び国外の双方にわたって行った勤務又は人的役務の提供に基因して給与又は報酬の支払を受ける場合におけるその給与又は報酬の総額のうち、国内において行った勤務又は人的役務の提供に係る部分の金額は、国内における公演等の回数、収入金額等の状況に照らしその給与又は報酬の総額に対する金額が著しく少額であると認められる場合を除き、次の算式により計算するものとする（昭63直法6-1、直所3-1、平2直法6-5、直所3-6、平4課法8-5、課所4-3改正、平28課2-4、課法11-8、課審5-5改正）。

> 給与又は報酬の総額×（国内において行った勤務又は人的役務の提供の
> 期間）÷（給与又は報酬の総額の計算の基礎となった期間）

上記Aの算式にあてはめてみます。

国内収入　45,000,000円×（365 − 17 − 8 日）÷（365 − 17 日）

$\qquad\qquad$ ＝43,965,517円……A

国外収入は全体から国内収入をマイナスします。

国外収入　45,000,000円 − A ＝ 1,034,483円……B

外国税額控除の計算で必要な「調整国外所得金額」は、給与所得控除
後の金額で計算します。

給与所得控除　1,950,000円（令和2年分以降の場合）

45,000,000円 − 1,950,000円 ＝ 43,050,000円

43,050,000円を国内と国外に按分計算します。

国外源泉所得　43,050,000円×B ÷ 45,000,000円 ＝ 989,655円……C

国内源泉所得　43,050,000円 − C ＝ 42,060,345円

CoffeBreak

　永住者の場合全世界所得課税が適用されるため、国内源泉所得で
も国外源泉所得でも、日本での課税対象となります。どちらにせよ
課税されるなら国外と国内に分ける必要がないと考えそうですが、
外国税額控除が適用される場合はその分け方が重要となります。外
国税額控除の国外所得をできるだけ増やすことで控除限度額を大き
くし、外国税額控除をより多く受けられる可能性が高まります。

16. 非永住者の給与を国外源泉所得と国外源泉所得以外の所得に分ける具体的手順

質問　非永住者の給与を国外源泉所得と国外源泉所得以外の所得（わかりやすいように国内所得とよびます。）に分けるときに、日数按分をすることは理解したのですが、土・日曜日はどうすればいいのでしょうか。日本にいた総日数から差し引くのでしょうか。

回答　土・日曜日は差し引きません。15. でも紹介した通達161-41において

　「国内において行った勤務又は人的役務の提供の期間」

と記載されています。ここでポイントとなるのは「期間」という言葉です。

　「勤務した日数」とは書かれていないので、分子に含めるのは「居住者であった日数から海外に滞在した日数（休暇と出張の両方）を引いた日数」であり、休日は差し引く必要はありません。

CoffeBreak ☕

　実は数年前に、前年に確定申告をした外国人の方から

　「あなたたち計算が間違っていたため私は200万円もの税金を損した」とのメールをいただきました。国外所得と国内所得の分け方が間違っていると他の税理士が指摘していると主張されていました。しかし、所得税基本通達逐条解説をみても、私たちの計算方法に問題はありません。そこで、全体の仕組みと土・日曜日を差し引くべきではないことを丁寧に説明すると、相手も理解し、最終的に

　「あなたたちの説明は理屈に合う。あなたたちの計算方法が正し

かった。大変失礼な言い方をしてしまい本当に申し訳なかった。」
と納得されてほっとしました。

17. 外国税額控除―海外の金融機関を通して日本株からの配当を受ける場合

質問 　私は日本の永住者です。アメリカの金融機関に投資口座を持っています。様々な国の様々な会社の株を保有しており、配当も受けています。その中には、日本の上場会社からの配当もあり、源泉所得税が引かれています。この源泉所得税について、外国税額控除を受けることはできるのでしょうか。

回答 　外国の金融機関を通して受ける配当にかかる源泉所得税は、基本的に外国税額控除を受けることができます。しかし、日本株の配当については外国税額控除を受けることはできません。

解説 　外国の証券会社を経由しているため、証券会社のステートメントに税額が記載されていたとしても、それは日本の源泉所得税なので、外国税額控除の対象外となります。

　なお、利子所得や配当所得において外国税額控除をとる際には、租税条約に規定されている上限税率（限度税率）を超えていないかどうか確認することが必要です。例えば、日英租税条約では配当は10％（持株比率10％以上の場合は0％）です。もし金融機関のステートメントに20％源泉徴収されていることが記載されていても、租税条約の上限を超えて外国税額控除を受けることはできません。

CoffeBreak

　外国の金融機関を経由していても、「居住者が日本の会社の株を持っていてそこから受ける配当」であれば、外国税額控除を受けることができないことは前述のとおりです。しかし、その日本株に対する配当はどう対処すべきか、職員の間で議論が生じました。その結果、現在では下記のように解釈しています。

（例）クライアントAさん（日本在住日本人）は、アメリカの金融機関B社で日本法人のC社株を購入しました。その株式から受け取る配当にかかる源泉税率は20.42％でした。

　　　AさんはB社を通してC社株を購入しているため、C社は非居住者にかかる配当として20.42％源泉徴収しているのだろうと結論づけました。これは日本の源泉徴収税額なので、日本の確定申告のときに、源泉所得税として控除すべきものと考えています。

CoffeBreak

　限度税率の適用にあたっては、投資先の国との租税条約が適用されますが、金融機関のステートメントには、投資先（会社名）のみで国名が書かれておらず、どの国との租税条約が適用されるかわからない場合があります。そのような場合、投資先はどこの国か、クライアントに確認するようにしています。ただし、クライアントに聞いても明確な回答が得られないこともあります。その場合はクライアントの了解を得たうえで、配当については租税条約で10％の国が多いことから、源泉所得税10％として計算しています。

18. 外国税額控除─支払った外国所得税がなくても限度額計算は必要

質問 私は今年は外国で支払った税金（外国所得税）がありません。したがって、自分の所得を国外所得と国内所得に分けて、限度額計算をする必要がないという理解でよろしいでしょうか。

回答 もし今後日本の居住者であり続ける予定であれば、限度額計算をすることをお勧めします。

解説 今年支払った外国所得税がなく、外国税額控除がとれなくても、限度額計算をしておけば3年間繰り越すことができ、翌年以後、国外源泉所得が生じたときに、控除余裕額を利用することができます。ただし、近いうちに日本を出国する予定の方であれば、繰越をする必要はないと思います。

CoffeBreak

　控除限度額の計算を、国際税務を手掛ける税理士の間では「外税の枠取り」と呼びます。その年に支払った外国の税金がなかったとしても、「枠」は3年間繰越ができます。そのため翌年以降、多額の外国所得税が発生したときに「枠」が不足することのないように、枠取りをしておくことは有意義だと考えています。
　また、クライアントの中には、前年まで大手税理士法人に依頼していた方も多くいらっしゃいます。大手税理士法人では、「枠取り」を必ずしていますが、個人の方が作成された申告書では、外国所得税がない場合、「枠取り」をしている申告書は多くはありません。

　翌年以降、多額の外国所得税が発生しているけれども「枠」がないので外国税額控除が受けられないという事態にならないように計算することをお勧めします。

19. 外国税額控除―非永住者は外国税額控除はほとんど受けられない

質問　非永住者は外国税額控除を受けることができるケースはほとんどないと聞いたことがありますが、なぜでしょうか。

回答　非永住者は原則的として国内源泉所得のみが日本で課税対象となります。基本的には国外源泉所得には課税が行われませんので、二重課税は生じません。外国税額控除は二重課税を排除するための制度であり、国外源泉所得に課税されないということは、二重課税が生じていないので、外国税額控除を受けることはできません。ただし、非永住者の国外源泉所得であっても、日本で課税が行われている場合（例えば送金課税がある場合等）は、外国税額控除を受けることができます。

CoffeBreak

　非永住者の確定申告書を作成するときには、基本的に外国税額控除がないものとして進めます（送金課税がある場合を除く。）。

　ただし、永住者になって全世界所得課税になったときに発生する外国税額控除に備えて、限度額計算（枠取り）はしておく方が良いでしょう。

20. 外国税額控除—非居住者期間内に生じた所得に課される外国所得税の取扱い

質問　私は、仕事でアメリカに数年間住んでいた日本人です。2022年末にアメリカでの仕事を辞めて日本に帰国し、日本の居住者となりました。日本国籍を持っている人は、入国した日から永住者となり、全世界所得課税が生じると聞いています。6月にアメリカで2022年分の申告納税を行ったのですが、アメリカで納付した所得税は、日本で外国税額控除の対象とできますでしょうか。

具体的な例は、下記のとおりです。

⑴　2022年12月31日までアメリカの居住者で日本の非居住者であった。

⑵　2023年1月1日に日本の居住者になった。

⑶　2023年6月にアメリカで2022年分の申告を行い、1万ドルの納税を行った。

回答　アメリカで納めた1万ドルは、外国税額控除の対象にすることはできません。日本の居住者になってから支払う外国所得税であっても、2022年はまだ非居住者であったので、その時に生じた所得にかかる外国所得税は、外国税額控除の適用を受けることができません。

解説　所得税法95条には、どのような外国所得税が外国税額控除の対象とされるか書かれています。

> **第九十五条**　居住者が各年において外国所得税（外国の法令により課される所得税に相当する税で政令で定めるものをいう。以下この項及び

第九項において同じ。）を納付することとなる場合には、第八十九条
から第九十三条まで（税率等）の規定により計算したその年分の所
得税の額のうち、その年において生じた国外所得金額（国外源泉所得
に係る所得のみについて所得税を課するものとした場合に課税標準とな
るべき金額に相当するものとして政令で定める金額をいう。）に対応する
ものとして政令で定めるところにより計算した金額（以下この条にお
いて「控除限度額」という。）を限度として、その外国所得税の額（居
住者の通常行われる取引と認められないものとして政令で定める取引に
基因して生じた所得に対して課される外国所得税の額、居住者の所得税
に関する法令の規定により所得税が課されないこととなる金額を課税標
準として外国所得税に関する法令により課されるものとして政令で定め
る外国所得税の額その**他政令で定める外国所得税の額を除く**。以下この
条において「控除対象外国所得税の額」という。）をその年分の所得税
の額から控除する。

次に、その他政令と書かれていますので、所得税法施行令を確認しま
す。

所得税法施行令

第二百二十二条の二

4　法第九十五条第一項に規定するその他政令で定める外国所得税
の額は、次に掲げる外国所得税の額とする。

一　居住者がその年以前の年において非居住者であつた期間内に生
じた所得に対して課される外国所得税の額

ここで注目していただきたいのは、

居住者がその年以前の年において非居住者であった期間内に生じた所得
に対して課される外国所得税額

　というところです。つまり、非居住者であった期間に生じた所得とい
うのは、日本側からみると「非居住者の国外源泉所得」です。つまり、
日本では課税所得になっていないため、外国税額控除の対象とはなりま
せん。

21. 外国税額控除─非永住者期間に支払った外国所得税の取扱い

質問 2018年から居住者である外国人です。最初の5年は非永住者で、2023年から永住者になりました。2023年に支払った外国所得税は外国税額控除の対象にしてもよいでしょうか。

　具体的な例は、下記のとおりです。
⑴　2018年1月1日に日本の居住者となった。
⑵　2022年12月31日まで非永住者だった。
⑶　2023年1月1日から永住者になった。
⑷　2023年6月　アメリカで2022年分の申告を行い1万ドルの納税を行った。

回答 外国税額控除の対象にすることはできません。

解説 このケースの場合、2018年から日本の居住者であったため、外国税額控除の対象となる外国所得税には該当します。しかし、2022年はまだ非永住者であり、国外源泉所得は日本では課税されていないため、二重課税が発生していません。したがって、永住者になった後に支払いをした1万ドルの外国所得税は、外国税額控除の対象にはなりません。

　参考条文は20. と同じです。

22.　外国税額控除—アメリカ市民権を持つ人の場合

　アメリカ永住権（グリーンカード）又は市民権を持っている日本の居住者の税務の取扱いは複雑です。アメリカの市民権や永住権を有する人は、アメリカに住んでいなくとも、アメリカの法律により全世界所得課税となるからです。さらに、日本の居住者であれば、非永住者でない限り、日本の所得税法により、日本でも全世界所得課税となります。つまり、同じ所得に対してアメリカと日本の両国で課税されるという状態になります。

　このような二重課税の排除のために、外国税額控除の適用を受けることが必要となりますが、日米の場合の外国税額控除の計算の仕方が特殊です。一言でいうと『アメリカ永住権又は市民権を持たない者が、アメリカで非居住者だと仮定したときに支払わなければならないアメリカの所得税のみ、日本で外国税額控除ができる』というルールが適用されます。この根拠条文は以下の日米租税条約です。

日米租税条約第23条

3　　1及び2の規定の適用上、第一条4の規定に従い、合衆国が日本国の居住者である合衆国の市民又は市民であった者若しくは長期居住者とされる者に対して租税を課する場合には、次に定めるところによる。

(a)　日本国は、1の規定に従って行われる控除の額の計算上、合衆国が合衆国の市民又は市民であった者若しくは長期居住者とされる者でない日本国の居住者が取得した所得に対しこの条約の規定に従って課することができる租税の額のみを考慮に入れるものとする。

　アメリカ国籍の方や市民権を持つ方は、アメリカ非居住者であっても全世界所得課税で納税が発生します。それをすべて日本で支払った外国所得税として計算すると、日本の税金の取り分が少なくなってしまうためこのようなルールが設けられていると思われます。

　「アメリカで非居住者と仮定したときに支払いが生じるアメリカの所得税」のことを、大手税理士法人では「As if US tax」とよんでいます。

　「As if US tax」の計算方法の規定はありませんが、一例として下記の計算方法をご紹介します。

　国外所得（アメリカ源泉の所得）のみの場合は全額As if US Tax として外国所得税の対象とできます。国内外の所得がある場合は下記のように計算することが考えられます。

【例】
（前提）
　あるアメリカ国籍を有する永住者の直近のアメリカで提出した確定申告書の内容は、下記のとおりです。

給与所得（日本国内源泉所得）　　$ 400,000
配当所得（米国内源泉所得）　　　$ 7,000……A
譲渡所得（日本国内源泉所得）　　$ 250,000
不動産所得（日本国内源泉所得）　$ 43,000
　　　　　　　合計　　　　　　　$ 700,000……B
アメリカで支払った税額　　　　　$ 10,000……C

（考え方）

$$C \times A \div B = \$10,000 \times \$7,000 \div \$700,000 = \$100$$

　さらに、租税条約における配当に係る限度税率を計算します。17. にも書きましたが利子所得や配当所得は、租税条約における限度税率までしか外国税額控除を受けることができません。例えば、20％で源泉税を支払っていても租税条約の限度税率が10％と記載があれば、外国税額控除が受けられるのは10％のみです。ちなみに、日米租税条約における限度税率は、従来、配当10％、利子10％でしたが、2019/ 8 /30改定議定書発効により、利子については、2019/11/ 1 以降に支払われるものから 0 ％（免税）となりました。したがって、たとえ源泉税を支払っていたとしても、外国税額控除を受けることができません。

$$\$7,000 \times 10\% = \$700$$

・日本での外国税額控除対象額

$$\$100 < \$700 \quad \therefore \$100$$

【参考条文】

所得税法95条（外国税額控除）

居住者が各年において外国所得税（外国の法令により課される所得税に相当する税で政令で定めるものをいう。以下この項及び第九項において同じ。）を納付することとなる場合には、第八十九条から第九十三条まで（税率等）の規定により計算したその年分の所得税の額のうち、その年において生じた国外所得金額（国外源泉所得に係る所得のみについて所得税を課するものとした場合に課税標準となるべき金額に相当するものとして政令で定める金額をいう。）に対応するものとして

政令で定めるところにより計算した金額（以下この条において「控除限度額」という。）を限度として、その外国所得税の額（居住者の通常行われる取引と認められないものとして政令で定める取引に基因して生じた所得に対して課される外国所得税の額、居住者の所得税に関する法令の規定により所得税が課されないこととなる金額を課税標準として外国所得税に関する法令により課されるものとして政令で定める外国所得税の額その他政令で定める外国所得税の額を除く。以下この条において「控除対象外国所得税の額」という。）をその年分の所得税の額から控除する。

所得税法施行令222条の2（外国税額控除の対象とならない外国所得税の額）

4　法第九十五条第一項に規定するその他政令で定める外国所得税の額は、次に掲げる外国所得税の額とする。

四　我が国が租税条約を締結している条約相手国等又は外国（外国居住者等の所得に対する相互主義による所得税等の非課税等に関する法律第二条第三号（定義）に規定する外国をいい、同法第五条各号（相互主義）のいずれかに該当しない場合における当該外国を除く。以下この号において同じ。）において課される外国所得税の額のうち、当該租税条約の規定（当該外国所得税の軽減又は免除に関する規定に限る。）により当該条約相手国等において課することができることとされる額を超える部分に相当する金額若しくは免除することとされる額に相当する金額又は当該外国において、同条第一号に規定する所得税等の非課税等に関する規定により当該外国に係る同法第二条第三号に規定する外国居住者等の同法第五条第一号に規定する対象国

内源泉所得に対して所得税を軽減し、若しくは課さないこととされる条件と同等の条件により軽減することとされる部分に相当する金額若しくは免除することとされる額に相当する金額

五　居住者の所得に対して課される外国所得税の額で租税条約の規定において法第九十五条第一項から第三項までの規定による控除をされるべき金額の計算に当たつて考慮しないものとされるもの

23. 外国税額控除―アメリカ人の給与所得

　基本的には日本払いの給料（源泉徴収票）については海外出張分を国外源泉所得として分けることができますが、日米租税条約に基づいて処理する必要のある人（アメリカ国籍の人や永住権を有する人）の場合は異なります。

　アメリカ払いの給与がある場合、例えばアメリカで付与されるストック・オプションやRSU（Restricted Stock Unit）などは、アメリカ出張分に対して日本で外国税額控除を受けることはできます。しかし、日本払いの給与（源泉徴収票）でアメリカ出張分は、基本的に日本で外国税額控除を受けることはできません。日米租税条約23条によると、これらの所得は「アメリカ市民権に基づいて課税される米国源泉所得」のためだからです。この場合、アメリカで外国税額控除を受けます。

CoffeBreak

　アメリカ国籍の方の外国税額控除は複雑で、特に給与所得に関する部分は難解です。多くの書籍を見てもその部分に触れているものは少ないため、私も大いに悩みました。国際税務に精通している税理士の方々と何度もディスカッションを重ね、上記の取扱いに落ち着きました。

24. 外国税額控除─国外所得にマイナスが出た場合の計算方法

....

質問　外国税額控除の控除限度額を計算する場合の「調整国外所得金額」の算定方法を教えてください。複数の国外所得があり、その中にマイナスの所得がある場合は、どのように集計をすればよいでしょうか。

回答　マイナスの所得があった場合でも、そのマイナスの金額を含めた合計金額をもって調整国外所得金額とします。

外国税額控除の控除限度額は下記の算式で計算されます。

控除限度額＝その年分の所得税額×<u>その年分の調整国外所得金額</u>　　　　÷その年分の所得総額

実務上、どの申告書作成ソフトでも手入力が必要なのは、上記の下線部分です。例えば、不動産所得や事業所得などでマイナスの所得が生じた場合に迷うことがあるかもしれませんので、例をあげて説明いたします。

（例）
　永住者で、各種繰越控除は受けていないものとした場合

　所得税額　　　　50,000円
　所得総額　　2,400,000円
　　内訳：事業所得　　2,300,000円（国内源泉所得）

不動産所得　△300,000円（国外源泉所得）……①

利子所得　　150,000円（国外源泉所得）……②

配当所得　　250,000円（国外源泉所得）……③

調整国外所得金額　①＋②＋③＝100,000円

控除限度額　50,000円×100,000円÷2,400,000円＝2,083円

　注意が必要な点として、事業所得や不動産所得がマイナスになることで国外所得金額の合計がゼロ未満になった場合、合計額はゼロとなります。

【参考条文】

所得税法95条（外国税額控除）

居住者が各年において外国所得税（外国の法令により課される所得税に相当する税で政令で定めるものをいう。以下この項及び第九項において同じ。）を納付することとなる場合には、第八十九条から第九十三条まで（税率等）の規定により計算したその年分の所得税の額のうち、その年において生じた国外所得金額（国外源泉所得に係る所得のみについて所得税を課するものとした場合に課税標準となるべき金額に相当するものとして政令で定める金額をいう。）に対応するものとして政令で定めるところにより計算した金額（以下この条において「控除限度額」という。）を限度として、その外国所得税の額（居住者の通常行われる取引と認められないものとして政令で定める取引に基因して生じた所得に対して課される外国所得税の額、居住者の所得税に関する法令の規定により所得税が課されないこととなる金額を課税標準として外

国所得税に関する法令により課されるものとして政令で定める外国所得税の額その他政令で定める外国所得税の額を除く。以下この条において「控除対象外国所得税の額」という。）をその年分の所得税の額から控除する。

所得税法施行令221条の 2 （国外所得金額）

法第九十五条第一項（外国税額控除）に規定する政令で定める金額は、居住者の各年分の次に掲げる国外源泉所得（同項に規定する国外源泉所得をいう。以下この章において同じ。）に係る所得の金額の合計額（当該合計額が零を下回る場合には、零）とする。

一　法第九十五条第四項第一号に掲げる国外源泉所得

二　法第九十五条第四項第二号から第十七号までに掲げる国外源泉所得（同項第二号から第十四号まで、第十六号及び第十七号に掲げる国外源泉所得にあつては、同項第一号に掲げる国外源泉所得に該当するものを除く。）

所得税法施行令222条 （控除限度額の計算）

法第九十五条第一項（外国税額控除）に規定する政令で定めるところにより計算した金額は、同項の居住者のその年分の所得税の額（同条の規定を適用しないで計算した場合の所得税の額とし、附帯税の額を除く。）に、その年分の所得総額のうちにその年分の調整国外所得金額の占める割合を乗じて計算した金額とする。

2　前項に規定するその年分の所得総額は、法第七十条第一項若しくは第二項（純損失の繰越控除）又は第七十一条（雑損失の繰越控除）の規定を適用しないで計算した場合のその年分の総所得金額、退職所得金額及び山林所得金額の合計額（次項において「その年分の所得

総額」という。）とする。

3　第一項に規定するその年分の調整国外所得金額とは、法第七十条第一項若しくは第二項又は第七十一条の規定を適用しないで計算した場合のその年分の法第九十五条第一項に規定する国外所得金額（非永住者については、当該国外所得金額のうち、国内において支払われ、又は国外から送金された国外源泉所得に係る部分に限る。以下この項において同じ。）をいう。ただし、当該国外所得金額がその年分の所得総額に相当する金額を超える場合には、その年分の所得総額に相当する金額とする。

25. 外国税額控除—非永住者の支払った外国の税金で外国税額控除を受けられない場合

質問　Aさんは非永住者で、海外の海運会社で働いている船乗りであり、年の半分以上は海外での仕事に従事しています。Aさんの所得は下記のとおりです。日本で外国税額控除は受けられますか。

国外払いの給与（円換算後）　　12,000,000円

上記に対する源泉税（円換算後）　800,000円

日本への送金額　　　　　　　　3,000,000円

海外での勤務　　200日

回答　外国税額控除を受けることはできません。

解説　日本で外国税額控除を受けることができるのは、「日本で課税対象となる国外源泉所得がある場合」です。それに該当するかどうか、下記の手順でみていきます。

⑴　**日本源泉の収入金額を求める。**

日本での勤務　365日−200日＝165日

日本での給与収入（国外払い）　12,000,000×165日÷365日＝

5,424,657→国内源泉所得

⑵　**送金額と比較をします。**

日本への送金額　3,000,000……B

A＞B

　日本への送金金額である3,000,000円は、まず国内源泉所得から送金されたとみなされるため、日本で課税される金額は全額国内源泉所得となり、送金課税はありません。

　したがって、日本で課税される国外源泉所得がないため、外国税額控除を受けることはできません。

【参考条文】

所得税法95条（外国税額控除）

居住者が各年において外国所得税（外国の法令により課される所得税に相当する税で政令で定めるものをいう。以下この項及び第九項において同じ。）を納付することとなる場合には、第八十九条から第九十三条まで（税率等）の規定により計算したその年分の所得税の額のうち、その年において生じた国外所得金額（国外源泉所得に係る所得のみについて所得税を課するものとした場合に課税標準となるべき金額に相当するものとして政令で定める金額をいう。）に対応するものとして政令で定めるところにより計算した金額（以下この条において「控除限度額」という。）を限度として、その外国所得税の額（居住者の通常行われる取引と認められないものとして政令で定める取引に基因して生じた所得に対して課される外国所得税の額、居住者の所得税に関する法令の規定により所得税が課されないこととなる金額を課税標準として外国所得税に関する法令により課されるものとして政令で定める外国所得税の額その他政令で定める外国所得税の額を除く。以下この条において「控除対象外国所得税の額」という。）をその年分の所得税の額から控除する。

所得税法施行令第17条（非永住者の課税所得の範囲）

　4　法第七条第一項第二号に規定する国外源泉所得（以下この項において「国外源泉所得」という。）で国内において支払われ、又は国外から送金されたものの範囲については、次に定めるところによる。

　一　非永住者が各年において国外から送金を受領した場合には、その金額の範囲内でその非永住者のその年における国外源泉所得に係る所得で国外の支払に係るものについて送金があつたものとみなす。ただし、その非永住者がその年における国外源泉所得以外の所得（以下この項において「非国外源泉所得」という。）に係る所得で国外の支払に係るものを有する場合は、まずその非国外源泉所得に係る所得について送金があつたものとみなし、なお残余があるときに当該残余の金額の範囲内で国外源泉所得に係る所得について送金があつたものとみなす。

所得税法施行令222条（控除限度額の計算）

　3　第一項に規定するその年分の調整国外所得金額とは、<u>法第七十条第一項若しくは第二項又は第七十一条の規定を適用しないで計算</u>した場合のその年分の法<u>第九十五条第一項に規定する国外所得金額</u>（**非永住者については、当該国外所得金額のうち、国内において支払われ、又は国外から送金された国外源泉所得に係る部分に限る。以下この項において同じ。**）をいう。ただし、当該国外所得金額がその年分の所得総額に相当する金額を超える場合には、その年分の所得総額に相当する金額とする。

所得税基本通達95-29（非永住者の外国税額控除の対象となる外国所得税の範囲）

非永住者が法第7条第1項第2号《課税所得の範囲》に規定する所得以外の所得に対して外国又はその地方公共団体により課された税は、法第95条《外国税額控除》の対象とされる外国所得税には該当しないのであるから、当該税については同条の規定の適用はないことに留意する。

26. USLLCを持つアメリカ人の税務の取扱い

質問　私はアメリカ人（永住者）で、アメリカで会社（LLC）を保有しており、インターネットを通してコンサルティング業務を一人で行っています。アメリカのLLC（USLLC）はパス・スルー課税を選択しているので、アメリカでは法人としては申告せず個人として申告しています。日本ではどうすればよいでしょうか。

回答　日本においては、USLLCは法人として扱うのが原則です。そのUSLLCが一人会社であり業務をすべて日本で行っているということであれば、PEとして認定される可能性が高いといえます。したがって、日本において、そのUSLLCは法人税の申告をすべきであると考えます。

解説　国税庁ホームページの質疑応答事例に、下記のように書かれています。

米国LLCに係る税務上の取扱い

照会要旨

　米国のリミテッド・ライアビリティー・カンパニー（LLC：Limited Liability Company）は、米国各州が制定するLLC法（Limited Liability Company Act）に基づいて設立される事業体です。LLC法は、1977年に米国ワイオミング州で制定されたのを皮切りに、現在では全米の各州（50州）及びコロンビア特別区において制定されています。

　LLCは法人（Corporation）に似かよった性質を有していますが、米国の税務上は、事業体（LLC）ごとに、法人課税を受けるか又はその出資

者（メンバー）を納税主体とするいわゆるパス・スルー課税を受けるかの選択が認められています。

　米国の税務上、法人課税を選択したLLC又はパス・スルー課税を選択したLLCは、我が国の税務上、外国法人に該当するものとして課税関係を考えることになるのでしょうか。

回答要旨

　LLC法に準拠して設立された米国LLCについては、以下のことを踏まえると、原則的には我が国の私法上、外国法人に該当するものと取り扱われます。

①　LLCは、商行為をなす目的で米国の各州のLLC法に準拠して設立された事業体であること。

②　事業体の設立に伴いその商号等の登録（登記）等が行われること。

③　事業体自らが訴訟の当事者等になれるといった法的主体となることが認められていること。

④　統一LLC法においては、「LLCは構成員（member）と別個の法的主体（a legal entity）である。」、「LLCは事業活動を行うための必要かつ十分な、個人と同等の権利能力を有する。」と規定されていること。

　下線の部分に特にご注目いただきたいのですが、アメリカにおいてパス・スルー課税を選び個人として申告をしていても、法人を選び法人税の申告をしていても、いずれにしても「外国法人」に該当すると書かれています。

　ただし、米国のLLC法は個別の州において独自に制定され、その規定振りは個々に異なることから、個々のLLCが外国法人に該当するか否かの判断は、個々のLLC法の規定等に照らして、個別に判断する必要があ

ります。

（参考）

　ニューヨーク州のLLCの法人該当性に関するさいたま地判平成19年5月16日及びその控訴審判決東京高判平成19年10月10日では、「本件LLCは、ニューヨーク州のLLC法上、法人格を有する団体として規定されており、自然人とは異なる人格を認められた上で、実際、自己の名において契約をするなど、パートナーからは独立した法的実在として存在しているから、本件LLCは、米国ニューヨーク州法上法人格を有する団体であり、我が国の私法上（租税法上）の法人に該当すると解するのが相当である」とされています。

CoffeBreak

　実務上、一人でビジネスをしている場合、PEとして法人税の申告をするのが正しいとアドバイスをしても、「アメリカでは所得税だからその方が整合性がとれる」と言って法人税の申告を拒む方もいらっしゃいます。

　しかし、ここで整合性というのを持ち出す必要はなく、むしろそれぞれの国の税法で定められているとおりに適切に処理を行うべきだと考えます。ただ、実際には説明をしても法人税として申告せず、事業所得として所得税で申告をするケースも少なくありません。また、税務調査が入ってもそこは問題にならないことが多いです。

27. 永住者になった直後にアメリカの不動産を売却して売却益が生じた場合

質問 アメリカ人で日本に住み始めて5年2か月になります。先月、アメリカで保有している不動産を売却しましたが、売却損が出ているのでアメリカでは申告していません。日本でも申告不要と考えてよいでしょうか。

回答 日本に住んで5年以上経過しているため、所得税法上永住者となり、全世界所得課税となります。したがって、アメリカの不動産譲渡であっても、日本で申告が必要です。円換算して計算の上、申告の要否を判断する必要があります。米ドルで計算して売却損が出ていても、円に換算した場合に譲渡益が出る場合があります。

CoffeBreak

以前、相談に来られた方の例ですが、ドルで計算すると売却損が出ていたのに、不動産を購入した時と売却した時の為替レートの差が1ドル40円ほど違ったため、日本円に換算すると売却益が生じてしまいました。

非永住者の間に譲渡益が発生しても、売却代金を日本の銀行口座で受け取るか、日本へ送金しなければ、日本での課税はありませんが、このケースでは永住者になってから譲渡益が発生しているので、日本でも課税が生じてしまいます。

非永住者のときに相談に来られたら、一緒にタックスプランニングができたのですが、残念ながらすでに売却した後の相談であったために、申告、そして納税をするしかありませんでした。

　また、この場合の外国税額控除ですが、理論上では、ドルベースでは譲渡損のため所得がなく納税が発生していないので、外国税額控除を受ける外国所得税がないということになります。

　しかし、日本の外国税額控除は、すべての国外源泉所得を合算して控除限度額を計算します。この不動産の譲渡所得については、国外源泉所得のために外国税額控除の控除限度額（いわゆる「枠」）を大きくすることができ、その結果、もし他の所得から生じた控除しきれない外国所得税がある場合は、控除ができる可能性があります。

28. 国外転出時課税が適用されないケース

質問　外国人駐在員は、国外提出時課税が適用になるケースはほとんどないと聞きました。どういうことでしょうか。

回答　在留資格により、国外提出時課税が適用されないケースがあります。

解説　平成27年度税制改正において「国外転出をする場合の譲渡所得等の特例」（以下「国外提出時課税」）が創設されました。国外転出（国内に住所及び居所を有しないこととなることをいいます。）をする<u>一定の居住者</u>が、1億円以上の有価証券等を所有等している場合には、その対象資産の含み益に所得税が課税されます。

　日本は譲渡益課税がありますが、香港やシンガポールのように譲渡益（キャピタルゲイン）は非課税という国もあります。日本にいる富裕層は、そのようなキャピタルゲインに対して課税のない国に移住をしてから株を売却するというケースがありました。非居住者が日本株を持っている場合は租税条約等によりますが、一定の場合を除くと課税されないケースが多いからです。しかし、本来日本で課税されるべき税額の確保ができないため、出国時の水際で未実現利益にも譲渡益課税を適用する制度が創設されました。

　アメリカをはじめとした多くの先進国では、以前からこのようなExit taxとよばれている制度があります。

　上記の一定の居住者（国外転出時課税の対象者）とは下記のとおりです。

(1)　所有等している対象資産の価額の合計が1億円以上であること。

(2)　原則として国外転出をする日前10年以内において国内に5年を超えて住所又は居所を有していること。

　(2)については、例外規定があります。国内に住所又は居所を有していても、出入国管理及び難民認定法別表第一の上欄の在留資格（外交、教授、芸術、経営管理等）で在留していた期間は、国内に住所又は居所を有している期間に含まないこととされています。

　また、平成27年6月30日までに同法別表第二の上欄の在留資格（永住者、永住者の配偶者等）で在留している期間がある場合は、その期間も国内在住期間に含まないこととされています。

CoffeBreak

　出入国管理及び難民認定法別表第一の上欄とは何かお分かりでしょうか。ネットに掲載されている条文ではなく紙の条文であれば、縦書きであり、在留資格名が書かれている欄は上の方になるため、「上欄」という表現になります。

出入国管理及び難民認定法別表第一

一

在留資格	本邦において行うことができる活動
外　交	日本国政府が接受する外国政府の外交使節団若しくは領事機関の構成員、条約若しくは国際慣行により外交使節と同様の特権及び免除を受ける者又はこれらの者と同一の世帯に属する家族の構成員としての活動
公　用	日本国政府の承認した外国政府若しくは国際機関の公務に従事する者又はその者と同一の世帯に属する家族の構成員としての活動（この表の外交の項の下欄に掲げる活動を除く。）

教　授	本邦の大学若しくはこれに準ずる機関又は高等専門学校において研究、研究の指導又は教育をする活動
芸　術	収入を伴う音楽、美術、文学その他の芸術上の活動（二の表の興行の項の下欄に掲げる活動を除く。）
宗　教	外国の宗教団体により本邦に派遣された宗教家の行う布教その他の宗教上の活動
報　道	外国の報道機関との契約に基づいて行う取材その他の報道上の活動

二

在留資格	本邦において行うことができる活動
高度専門職	一　高度の専門的な能力を有する人材として法務省令で定める基準に適合する者が行う次のイからハまでのいずれかに該当する活動であつて、我が国の学術研究又は経済の発展に寄与することが見込まれるもの イ　法務大臣が指定する本邦の公私の機関との契約に基づいて研究、研究の指導若しくは教育をする活動又は当該活動と併せて当該活動と関連する事業を自ら経営し若しくは当該機関以外の本邦の公私の機関との契約に基づいて研究、研究の指導若しくは教育をする活動 ロ　法務大臣が指定する本邦の公私の機関との契約に基づいて自然科学若しくは人文科学の分野に属する知識若しくは技術を要する業務に従事する活動又は当該活動と併せて当該活動と関連する事業を自ら経営する活動 ハ　法務大臣が指定する本邦の公私の機関において貿易その他の事業の経営を行い若しくは当該事業の管理に従事する活動又は当該活動と併せて当該活動と関連する事業を自ら経営する活動 二　前号に掲げる活動を行つた者であつて、その在留が我が国の利益に資するものとして法務省令で定める基準に適合するものが行う次に掲げる活動 イ　本邦の公私の機関との契約に基づいて研究、研究の指導又は教育をする活動 ロ　本邦の公私の機関との契約に基づいて自然科学又は人文科学の分野に属する知識又は技術を要する業務に従事する活動ハ　本邦の公私の機関において貿易その他の事業の経営を行い又は当該事業の管理に従事する活動 ニ　イからハまでのいずれかの活動と併せて行う一の表の教授の項から報道の項までの下欄に掲げる活動又はこの表の法律・会計業務の項、医療の項、教育の項、技術・人文知識・国際業務の項、介護の項、興行の項若しくは技能の項の下欄若しくは特定技能の項の下欄第二号に掲げる活動（イからハまでのいずれかに該当する活動を除く。）

経営・管理	本邦において貿易その他の事業の経営を行い又は当該事業の管理に従事する活動（この表の法律・会計業務の項の下欄に掲げる資格を有しなければ法律上行うことができないこととされている事業の経営又は管理に従事する活動を除く。）
法律・会計業務	外国法事務弁護士、外国公認会計士その他法律上資格を有する者が行うこととされている法律又は会計に係る業務に従事する活動
医療	医師、歯科医師その他法律上資格を有する者が行うこととされている医療に係る業務に従事する活動
研究	本邦の公私の機関との契約に基づいて研究を行う業務に従事する活動（一の表の教授の項の下欄に掲げる活動を除く。）
教育	本邦の小学校、中学校、義務教育学校、高等学校、中等教育学校、特別支援学校、専修学校又は各種学校若しくは設備及び編制に関してこれに準ずる教育機関において語学教育その他の教育をする活動
技術・人文知識・国際業務	本邦の公私の機関との契約に基づいて行う理学、工学その他の自然科学の分野若しくは法律学、経済学、社会学その他の人文科学の分野に属する技術若しくは知識を要する業務又は外国の文化に基盤を有する思考若しくは感受性を必要とする業務に従事する活動（一の表の教授の項、芸術の項及び報道の項の下欄に掲げる活動並びにこの表の経営・管理の項から教育の項まで及び企業内転勤の項から興行の項までの下欄に掲げる活動を除く。）
企業内転勤	本邦に本店、支店その他の事業所のある公私の機関の外国にある事業所の職員が本邦にある事業所に期間を定めて転勤して当該事業所において行うこの表の技術・人文知識・国際業務の項の下欄に掲げる活動
介護	本邦の公私の機関との契約に基づいて介護福祉士の資格を有する者が介護又は介護の指導を行う業務に従事する活動
興行	演劇、演芸、演奏、スポーツ等の興行に係る活動又はその他の芸能活動（この表の経営・管理の項の下欄に掲げる活動を除く。）
技能	本邦の公私の機関との契約に基づいて行う産業上の特殊な分野に属する熟練した技能を要する業務に従事する活動
特定技能	一　法務大臣が指定する本邦の公私の機関との雇用に関する契約（第二条の五第一項から第四項までの規定に適合するものに限る。次号において同じ。）に基づいて行う特定産業分野（人材を確保することが困難な状況にあるため外国人により不足する人材の確保を図るべき産業上の分野として法務省令で定めるものをいう。同号において同じ。）であつて法務大臣が指定するものに属する法務省令で定める相当程度の知識又は経験を必要とする技能を要する業務に従事する活動 二　法務大臣が指定する本邦の公私の機関との雇用に関する契約に基づいて行う特定産業分野であつて法務大臣が指定するものに属する法務省令で定める熟練した技能を要する業務に従事する活動

技能実習	一　次のイ又はロのいずれかに該当する活動 イ　技能実習法第八条第一項の認定（技能実習法第十一条第一項の規定による変更の認定があつたときは、その変更後のもの。以下同じ。）を受けた技能実習法第八条第一項に規定する技能実習計画（技能実習法第二条第二項第一号に規定する第一号企業単独型技能実習に係るものに限る。）に基づいて、講習を受け、及び技能、技術又は知識（以下「技能等」という。）に係る業務に従事する活動 ロ　技能実習法第八条第一項の認定を受けた同項に規定する技能実習計画（技能実習法第二条第四項第一号に規定する第一号団体監理型技能実習に係るものに限る。）に基づいて、講習を受け、及び技能等に係る業務に従事する活動 二　次のイ又はロのいずれかに該当する活動 イ　技能実習法第八条第一項の認定を受けた同項に規定する技能実習計画（技能実習法第二条第二項第二号に規定する第二号企業単独型技能実習に係るものに限る。）に基づいて技能等を要する業務に従事する活動 ロ　技能実習法第八条第一項の認定を受けた同項に規定する技能実習計画（技能実習法第二条第四項第二号に規定する第二号団体監理型技能実習に係るものに限る。）に基づいて技能等を要する業務に従事する活動 三　次のイ又はロのいずれかに該当する活動 イ　技能実習法第八条第一項の認定を受けた同項に規定する技能実習計画（技能実習法第二条第二項第三号に規定する第三号企業単独型技能実習に係るものに限る。）に基づいて技能等を要する業務に従事する活動 ロ　技能実習法第八条第一項の認定を受けた同項に規定する技能実習計画（技能実習法第二条第四項第三号に規定する第三号団体監理型技能実習に係るものに限る。）に基づいて技能等を要する業務に従事する活動
備考	法務大臣は、特定技能の項の下欄の法務省令を定めようとするときは、あらかじめ、関係行政機関の長と協議するものとする。

三

在留資格	本邦において行うことができる活動
文化活動	収入を伴わない学術上若しくは芸術上の活動又は我が国特有の文化若しくは技芸について専門的な研究を行い若しくは専門家の指導を受けてこれを修得する活動（四の表の留学の項から研修の項までの下欄に掲げる活動を除く。）
短期滞在	本邦に短期間滞在して行う観光、保養、スポーツ、親族の訪問、見学、講習又は会合への参加、業務連絡その他これらに類似する活動

四

在留資格	本邦において行うことができる活動

留　学	本邦の大学、高等専門学校、高等学校（中等教育学校の後期課程を含む。）若しくは特別支援学校の高等部、中学校（義務教育学校の後期課程及び中等教育学校の前期課程を含む。）若しくは特別支援学校の中学部、小学校（義務教育学校の前期課程を含む。）若しくは特別支援学校の小学部、専修学校若しくは各種学校又は設備及び編制に関してこれらに準ずる機関において教育を受ける活動
研　修	本邦の公私の機関により受け入れられて行う技能等の修得をする活動（二の表の技能実習の項の下欄第一号及びこの表の留学の項の下欄に掲げる活動を除く。）
家族滞在	一の表、二の表又は三の表の上欄の在留資格（外交、公用、特定技能（二の表の特定技能の項の下欄第一号に係るものに限る。）、技能実習及び短期滞在を除く。）をもつて在留する者又はこの表の留学の在留資格をもつて在留する者の扶養を受ける配偶者又は子として行う日常的な活動

五

在留資格	本邦において行うことができる活動
特定活動	法務大臣が個々の外国人について特に指定する活動

https://elaws.e-gov.go.jp/search/elawsSearch/elaws_search/lsg0500/detail?lawId=326CO0000000319

　つまり、エキスパットで日本に来る際、ほとんどの方はこの「出入国管理及び難民認定法別表第一の在留資格」を利用するため、「国外転出をする日前10年以内に5年を超えての居住」という条件に該当しないことが一般的です。

　ただし、実際の税務相談の事例として、日本人と結婚をして、在留資格を「配偶者」に切り替えたり、「永住者」の在留資格を取得したりして「出入国管理及び難民認定法別表第一の上欄の在留資格」に該当せず「5年」のカウントが適用されたケースもありましたので、注意が必要です。

　また、相談者の中には、対象資産を保有していて1億円をわずかに超えていたため、その資産を売却して1億円を超えないように調整した方もいらっしゃいました。

国税庁ホームページ「国外転出時課税制度」
https://www.nta.go.jp/taxes/shiraberu/shinkoku/kokugai/01.htm

29.　大使館勤務の職員の給与所得の課税

"大使館や領事館勤務の場合、給料は非課税"ということを聞いたことのある方も多いでしょう。その根拠を見ていきましょう。

質問　在日大使館に勤務している外国人です。事務をしています。大使館から受け取る給与に対して日本で課税されますか。

回答　大使館及び領事館に勤務する外国人の所得税は、基本的に免税となります。

ただし、職種により適用条文が異なってきます。

解説　まず所得税法第9条1項8号（非課税所得）に下記の記載があります。

外国政府、外国の地方公共団体又は政令で定める国際機関に勤務する者で**政令で定める要件**を備えるものがその勤務により受ける俸給、給料、賃金、歳費、賞与及びこれらの性質を有する給与（外国政府又は外国の地方公共団体に勤務する者が受けるこれらの給与については、その外国がその国において勤務する日本国の国家公務員又は地方公務員で当該政令で定める要件に準ずる要件を備えるものが受けるこれらの給与について所得税に相当する税を課さない場合に限る。）

「政令で定める要件」と書かれていますので、次に、所得税法施行令第24条をみてみます。

> **第二十四条（給与が非課税とされる外国政府職員等の要件）**
> 法第九条第一項第八号（非課税所得）に規定する政令で定める要件
> は、外国政府又は外国の地方公共団体に勤務する者については次の
> 各号に掲げる要件とし、前条第一項に規定する国際機関に勤務する
> 者については第一号に掲げる要件とする。
> 一　その者が日本の国籍を有しない者であり、かつ、日本国に永住
> する許可を受けている者（日本国に長期にわたり在留することを認めら
> れている者を含む。）として財務省令で定めるものでないこと。
> 二　その者のその外国政府又は外国の地方公共団体のために行なう
> 勤務が日本国又はその地方公共団体の行なう業務に準ずる業務で収
> 益を目的としないものに係る勤務であること。

　つまり、日本国籍をもたないことや、永住する許可を受けていないも
のが条件となります。

　また、この質問の場合、「職員」でしたが、もし大使や外交官の場合
は、所得税法基本通達 9 -11（人的非課税）を適用することができます。

国内に居住する外国の大使、公使及び外交官である大公使館員並びにこ
れらの配偶者に対しては、課税しないものとする。

　ほとんどの国との租税条約においても「政府職員」の条項があります。
確認するときには、租税条約を締結している国であればその条約の内容
も見ておく必要があります。
　また地方税は、国税に準ずる取扱いが基本です。国税（所得税）で非

課税となっている所得は、住民税も同じく非課税になります。

　なお、日本人で在日大使館に勤務している場合は、国外払いの給料と同様で源泉徴収されていませんので、確定申告する必要があります。

30. 日本企業から支払われる非居住者の給与の取扱い

　日本企業から支払われる非居住者の給与というと、一般的に海外駐在員や出向者が多いように思いますが、最近は、現地に住んでいる方を採用して、リモートで仕事をしてもらうケースも増えてきています。税務上は「非居住者」に該当します。その場合の源泉税の扱いをみていきたいと思います。

質問　海外で現地のスタッフを採用しました。現地で仕事をしてもらい、日本の会社との雇用契約に基づき給料を支払う予定です。税務の取扱いはどうなるのでしょうか。

回答　現地採用の方は非居住者ですので、"非居住者の国外源泉所得"になり日本で課税されません。源泉徴収せずに支払います。現地で課税が行われることとなります。

　ただし、内国法人の役員として国外において行う勤務は国内源泉所得とされるため、20.42％の税率で所得税及び復興特別所得税が源泉徴収されることとなります。

解説　非居住者が日本で課税を受けるものは「国内源泉所得」です。では、何が国内源泉所得になるのかというと、所得税法161条に示されています。ざっと見るだけであれば、下記の国税庁HPがわかりやすくまとまっています。

国税庁ホームページ「NO.2878国内源泉所得の範囲（平成29年以降）」
https://www.nta.go.jp/taxes/shiraberu/taxanswer/gensen/2878.htm

所得税法161条1項12号イに下記のように書かれています。

イ　俸給、給料、賃金、歳費、賞与又はこれらの性質を有する給与その他人的役務の提供に対する報酬のうち、国内において行う勤務その他の人的役務の提供（内国法人の役員として国外において行う勤務その他の政令で定める人的役務の提供を含む。）に基因するもの
その他政令で定める人的役務提供を含むと書かれていますので、所得税法施行令第285条1項　をみると、下記のように書かれています。

（国内に源泉がある給与、報酬又は年金の範囲）

第二百八十五条　法第百六十一条第一項第十二号イ（国内源泉所得）に規定する政令で定める人的役務の提供は、次に掲げる勤務その他の人的役務の提供とする。

一　内国法人の役員としての勤務で国外において行うもの（当該役員としての勤務を行う者が同時にその内国法人の使用人として常時勤務を行う場合の当該役員としての勤務を除く。）

　日本の会社に所属をしていても国外で仕事をしている従業員は、日本で課税はされません。日本の会社の役員であれば、国外で仕事をしていたとしても国内源泉所得になり日本で20.42％の税率で課税されます。この場合、会社が支払の時に源泉徴収を行い、翌月納付します。本人はこの給与所得のみで国内源泉所得がない場合、申告は不要であり、源泉徴収で完結します。

CoffeBreak

　以前ご相談のあったケースです。日本の会社が、国外で仕事をしている非居住者の従業員に支払う給与所得を、誤って20.42％で源泉徴収しました。しかし、このように誤って納付していても「源泉所得税及び復興特別所得税の誤納付の還付請求」の手続きにより還付を受けることができます。一般的にはその人が非居住者であると証明できる資料（たとえばパスポートなど）の提出が求められます。

　その会社の従業員は、本来であれば来日して日本で働く予定だったのですが、コロナの影響で、ヨーロッパに滞在しながら日本の仕事を行うことになったという特殊な事情があったので、証明する資料はなくても認められました。

　最近は国によっては、パスポートに入国日や出国日の押印がないこともあるので、その場合どうするのかを税務署に聞いたところ、明確な回答はありませんでした。ただスムーズな手続きのために、入出国の時にはスタンプを押してもらうことをおすすめします。

31. 非永住者が外国で株式を売却して所得確定した時と送金時の為替レートとの差額の処理

私がかかわった税務調査の事例を紹介します。

（前提）

アメリカ人の非永住者で。ストック・オプション（税制非適格）で得た所得により1億円程度の給与所得が発生しました。そのストック・オプションの使用した為替レートについて指摘を受けました。

（説明）

(1)　確定申告の時に、ストック・オプションで得た所得（アメリカの口座に入金）を、国内源泉所得と国外源泉所得に分けて、日本で課税される国内源泉所得の金額を算出しました。

　　権利行使した日の為替レートは、103円／ドルを使用して、給与所得として申告しました。数か月後、国内源泉所得部分のみ日本の銀行口座に送金をしたのですが、その時の送金時平均為替レートは115円でした。

(2)　税務署から、所得確定した日の為替レートでなく送金日の為替レートを使うべきとの指摘を受けました。一般的に、為替差損益が出た場合は、雑所得として申告をするためそのような指摘をしているのだと思われますが、我々はそれはおかしいと考えました。そして戦いがはじまりました。

(3)　為替差損益は、たとえば、日本の銀行口座に入っている日本円で米

ドルを購入して、それを再度日本円に戻した時に最初の日本円と比べて差が出ている場合に認識するものであり、必ず往復の取引から発生するものと考えます。この場合、アメリカで得た所得を日本に送金しただけの一方通行の取引なので、為替差益を認識する必要がないと主張しました。

数週間後、「それでは今回だけ特別に、売却した株の計算を、取得費はTTS、収入はTTBを使っているが、それを収入、取得費もTTMで計算し直して修正申告をすれば、それで終わらせましょう。」と言われました。

しかし、株式の譲渡損益の計算をする上で、TTSとTTBを使うことは、措置法通達で書かれており修正の必要はありません。そのような変な取引は納得いかないので、根拠条文を教えてほしいというと、返事はなくうやむやにされてしまいました。

⑷　国際税務に精通している何人かの税理士に意見を聞きに行きましたが、皆、税務署の指摘には納得しませんでした。私たちは下記のように税務署に説明をしました。

仮に、日本人の駐在員が、アメリカで稼いだ給与所得を駐在が終わった後、アメリカのドル口座から日本の円口座に送金をする時に、為替差益に対して課税は発生しません。為替差益を認識するためには必ず往復の取引である必要がありますが、この取引は、一方通行の取引なので比較する対象が存在しません。

本件は所得確定した時と送金時とが近く、またストック・オプションの金額以外の取引は預金口座の中に入っていなかったので、容易に紐づけが可能で課税するということになったのかもしれません。

しかし、もしストック・オプション以外の金額が預金口座の中にあ

り紐づけができない場合は、税務署はそのような主張をすることはな
かったと思われます。

(5)　本件の場合、税務署が持ちかけた「取引」をすることで、TTBと
TTSの計算をTTMにし直して修正申告すると100万円程度の追加納税
で終わるのですが、そのようにあいまいに終わらせることを我々は望
んでいませんでした。クライアントも裁判まで行く覚悟でした。

　　ところが、調査の担当調査官3人の全員が異動になりました。そし
て、引き継いだ調査官が事務所に来られて「以前の担当者が根拠条文
もないのにずいぶんと長引かせて申し訳なかった。」と謝罪がありまし
た。すでに2年が経過していました。

(6)　為替差損益に関しては、所得税法57条の3（外貨建取引の換算）が根
拠条文になります。

第57条の3　（外貨建取引の換算）

*居住者が、外貨建取引（外国通貨で支払が行われる資産の販売及び購
入、役務の提供、金銭の貸付け及び借入れその他の取引をいう。以下こ
の条において同じ。）を行つた場合には、当該外貨建取引の金額の円
換算額（外国通貨で表示された金額を本邦通貨表示の金額に換算した金
額をいう。次項において同じ。）は当該外貨建取引を行つた時における
外国為替の売買相場により換算した金額として、その者の各年分の
各種所得の金額を計算するものとする。*

*2　不動産所得、事業所得、山林所得又は雑所得を生ずべき業務を
行う居住者が、先物外国為替契約等（外貨建取引によつて取得し、又
は発生する資産若しくは負債の金額の円換算額を確定させる契約として
財務省令で定めるものをいう。以下この項において同じ。）により外貨
建取引によつて取得し、又は発生する資産若しくは負債の金額の円*

換算額を確定させた場合において、当該先物外国為替契約等の締結
の日においてその旨を財務省令で定めるところによりその者の当該
業務に係る帳簿書類その他の財務省令で定める書類に記載したとき
は、当該資産又は負債については、当該円換算額をもって、前項の
規定により換算した金額として、その者の各年分の不動産所得の金
額、事業所得の金額、山林所得の金額又は雑所得の金額を計算する
ものとする。

3　前項に定めるもののほか、外貨建取引の換算の特例その他前2
項の規定の適用に関し必要な事項は、政令で定める。

重要なのはこの条文で定められている「外貨建取引」にあたるかどう
かという点です。私たちは「これを外貨建取引として課税することは無
理がある。」と考えていました。

(7)　驚くほどあっけない結末でした。気力体力を消耗しましたが、税務
署の主張に対し納得いかないときは、徹底的に戦うという良い経験が
できました。

さらに、この為替の税務の取扱いについて勉強するにつれわかった
のが、為替取引に関する所得税法の規定が不十分だということです。
グローバルな社会になり、様々な国の通貨での取引が日常的になりつ
つあります。ところが、条文がその変化に追い付いていないように思
います。後から来た税務署の調査官も、為替差損益のトラブルがとて
も多いと話していました。こうしたトラブルを回避するためにも、明
確なルールの確立が必要だと考えます。

32. RSU（リストリクテッド・ストック・ユニット）やSO（ストック・オプション）の計算方法

　外資系企業のエキスパットは、外国親会社からSO（ストック・オプション）やRSU（リストリクテッド・ストック・ユニット）など株式を報酬として受け取るケースが多くあります。この場合の課税関係について紹介します。

(1)　Stock Option（ストック・オプション）

　あらかじめ決められた価格（権利行使価格）で一定の期間に一定の自社株を購入する権利を与える制度です。外資系企業の親会社から付与されるストック・オプションは税制非適格ストック・オプションとなります。

　課税関係は、権利行使時に給与所得課税、譲渡時に株式譲渡所得課税となります。

　一般的には権利行使直後に譲渡することが多いので、結果的に給与所得のみ生じるケースが多いです。

　流れは、Grant（付与）→ Exercise（権利行使）→ Sale（売却）となります。

【例】

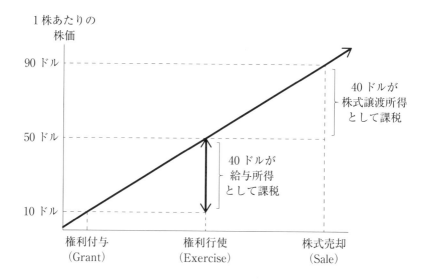

　1株10ドルで権利付与され、1株50ドルの時に権利行使した場合、差額の40ドルが経済的利益となり給与所得として課税されます。

　権利行使後1株90ドルの時に株式譲渡した場合、90ドルと権利行使時50ドルの差額40ドルが株式譲渡所得として課税されます。

　ただし、実際は権利行使と同時に株式売却を行う場合が多く、その場合は株式売却益が発生しないこととなります。

⑵　Restricted Stock Unit（リストリクテッド・ストック・ユニット）

　従業員に報酬として自社株式のユニットを付与する制度です。譲渡制限が設けられており、一定期間経過後、複数回に分けて株式を譲渡される権利が確定します。

　課税関係は、権利確定時に給与所得課税、譲渡時に株式譲渡所得課税となります。

流れは、Grant（付与）→ Vest（権利確定＝制限解除）→ Sale（売却）となります。

【例】

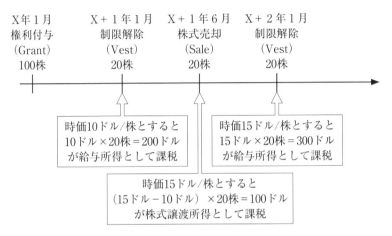

無償で100株分のRSUが付与され、その後20株分がVest（権利確定＝制限解除）された場合、Vest時の株価が10ドルであれば、10ドル×20株＝200ドルが経済的利益となり給与所得として課税されます。

権利確定後、株価が15ドルの時に20株譲渡した場合、15ドルと権利確定時の10ドルの5ドル×20株＝100ドルが株式譲渡所得となります。

ただし、Stock Optionと同様、権利確定と同時に株式売却を行うことが多く、株式売却益が発生しない場合が多いようです。

⑶ SO、RSUの金額の算出（国内源泉所得・国外源泉所得）

SO、RSUもクライアントが永住者で、Grant（付与）が日本に入国後にされたものであれば、計算は上記のとおり単純です。

しかし、Grant（付与）が入国前であったり、永住者と非永住者のステータスが混在する場合や海外出張（Business trip）や海外旅行（Vacation

& Home leave）がある場合の計算は少し複雑になります。

以下、パターン別に課税所得の計算をいくつか例をあげて紹介します。

（前提条件）

A　Stock OptionのExerciseした金額

B　入国日からExerciseまでの日数

C　GrantからExerciseまでの日数

D　B期間のVacation&　Home leave日数

E　B期間のBusiness trip日数

① **パターン1**

課税年分の納税者ステータス：永住者

ストック・オプションのGrant（付与）年月日：入国前

A　Stock OptionのExerciseした金額　100

B　入国日からExerciseまでの日数　20日

C　GrantからExerciseまでの日数　50日

D　B期間のVacation&　Home leave日数　0日

E　B期間のBusiness trip日数　0日

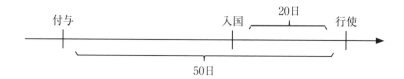

A×B÷C＝課税対象　給与所得

100×20/50＝40

入国後の経済的利益にのみ課税されます。

② パターン2

課税年分の納税者ステータス：非永住者

Grant（付与）年月日：入国前

A　Stock OptionのExerciseした金額　100

B　入国日からExerciseまでの日数　20日

C　GrantからExerciseまでの日数　50日

D　B期間のVacation&　Home leave日数　2日

E　B期間のBusiness trip日数　3日

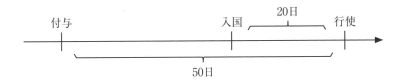

A×B÷C＝F

パターン1と同様、入国後の経済的利益の金額を算出します。

$100 \times 20/50 = 40$

さらに、非永住者は国外源泉所得には送金しない限り課税がありませんので、課税対象となる国内源泉所得の計算が必要となります。

F×（B−D−E）/（B−D）＝国内源泉所得

40×（20−2−3）/（20−2）＝33

海外出張分は国外源泉所得と計算することができます。したがって、Eの期間に相当する金額を国内源泉所得から取り除く計算をします。

③ パターン3

課税年分納税者ステータス：非永住者から永住者へ年途中で変更

Grant（付与）年月日：入国前

A　Stock OptionのExerciseした金額　100

B　入国日からExerciseまでの日数　20日

C　GrantからExerciseまでの日数　50日

D　B期間のVacation&　Home leave日数　2日

E　B期間のBusiness trip日数　3日

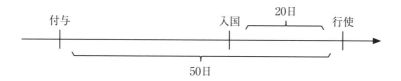

　年度の途中で非永住者から永住者へステータスが変更になった場合は、永住者期間と非永住者期間を分けて計算します。

　永住者期間に行使して得た経済的利益の計算はパターン1の計算式を使い、非永住者期間に行使して得た経済的利益はパターン2の計算式を使います。

　永住者は全世界所得課税ですので、Business tripやVacationやHome leaveの日数を課税所得から外すことはできません。しかし、永住者であっても外国税額控除のある方は、国外源泉所得と国内源泉所得を分ける必要があります。

　詳しくは外国税額控除の項目を参照してください。

　言葉だけで説明をしているとイメージがわきにくいと思いますので、参考までに私が使用しているエクセルシートをご紹介します。

入力箇所	Original currency	Exchange rate	Amount in Yen	Japan source salary（収入）*	Foreign source Salary（収入）
Japan Salary（国内払い給与）			¥	¥0	¥0
Foreign Salary（国外払い給与）	200,018.54	110.43	¥ 22,088,047	¥3,449,366	¥18,638,681
合計			¥ 22,088,047	¥3,449,366	¥18,638,681

Travel SKDから入力する

本年度の日本居住者の日数	365
Vacation & Home leave	
Business trip	308

*全体の収入× (居住者の日数ーVacationーBusiness trip) / (居住者の日数ーVacation)

送金金額　1,852,276
Remitted 2018エクセ,

給与収入（国内）	3,449,366	
給与収入（国外）	0	←非永住者の場合、ここをゼロにする。
給与収入計	3,449,366	
給与所得	2,233,600	←（注意）申告書第一表⑥から手入力する。（RSU等も含めてOK）
外国税額控除の枠取りに使う 国外給与所得	12,069,277	給与所得x（Foreign source salary）/ 給与収入計

（4）　法定調書

　SOやRSUなどの報酬を受けとった場合、「外国親会社等が国内の役員等に供与等をした経済的利益に関する調書」（下記参照）が、会社から税務署に提出されるとともに、役員・従業員に配付されます。

令和　　年分　外国親会社等が国内の役員等に供与等をした経済的利益に関する調書

経済的利益の供与等を受けた者	住所又は居所		居住者等の区分	居住者・非居住者
	氏名		個人番号	

供与等の年月日	経済的利益の内容	供与等を受けた株式の価額又は金銭その他の経済的利益の額	基礎となる株式又は権利の数	1単位当たりの金額	表示通貨
〃					
〃					
〃					

権利付与年月日	権利の種類	取得できる株式等の総額若しくは金銭等の総額又は付与された権利の総数	単位
〃			

契約に係る期間等	役員・使用人	自	年　　月　　日
		至	年　　月

外国親会社等（付与会社）	名称		法人番号		所在地の国名	

（摘要）

提出者	所在地				
	名称	（電話）	法人番号		

整理欄	①		②	

369

　これは、外国親会社等から経済的利益の供与を受けた役員や従業員等が勤務する内国法人又は外国法人の国内における営業所等の長が、所轄の税務署に提出する法定調書です。会社は、確定申告のための資料として、役員や従業員に交付します。

　この調書には、権利付与年月日（Grant）、供与等の年月日（Exercise/Vest）、供与を受けた経済的利益の額、通貨、権利の種類などの情報が記載されています。この資料があれば、難解な外国の金融機関の資料の解読を行わずに、課税所得の計算ができます。

　クライアントによっては、この資料を受け取っていない場合もあります、その場合は、外国の金融機関の資料から必要な情報を読み取っていく必要があります。会社によって形式や表現が異なるため、間違いが生じないように、必要な情報が不明確な場合はクライアントに、資料のどこに記載されているかを尋ねることにしています。クライアントがわからない場合でも会社に問い合わせればわかることなので、過度に資料の解読に時間をかける必要はありません。

　SOとRSUについて紹介しましたが、ファントム・ストックや持株会（エンプロイー・ストック・パーチェイス・プラン/ESPP）等様々な株式を保有する権利を従業員に与えるケースが増えています。基本的な計算方法が理解できれば、これらのケースにも応用可能です。

　ポイントとしては、非永住者の場合は入国前にかかる期間は課税されないことと、海外出張分は国外源泉所得計算をすることが重要です。

CoffeBreak

　今まで説明したRSUやSOの計算方法は、数年前に比べると、かなり周知されてきていると思います。とはいえ、いまだに以下のようなことが起きています。

　例えば、税務調査のときに、調査官が、非永住者である納税者に対して「外国親会社等が国内の役員等に供与等をした経済的利益に関する調書」に記載されている金額と申告書の金額が異なるため「数千万円の申告漏れがあります。」と納税者に直接電話をかけてきたことがありました。国外払いの国外所得部分は課税されないことを税務署は知らなかったのです。

　非永住者の課税所得の計算方法は、調査官でも知らない場合が多く、当社が調査官に説明を行い納得していただいたことも複数回ありました。

33.　非永住者から永住者にステイタスが変わる場合の計算方法

⑴　外国人の確定申告を作成する際や相談を受ける際に、最初に必ず確認するのは、その人の税務上のステータス（非永住者、永住者、非居住者）です。在留資格のステータスと所得税法上のステータスは異なるので、注意が必要です。

　たとえば、入国して5年未満でも、日本人と結婚をするなどで永住権を取得している場合、税務上も永住者になると思っている方は少なくありません。あるいは、過去、日本に住んでいたが、いったん出国して母国にもどり、数年後、再度日本に来て住むようになった場合、自分は非永住者と思っている納税者の方がいますが、必ず、過去10年の記録を確認してから判断する必要があります。

⑵　税務の取扱いで特に注意が必要なのは、非永住者から永住者に変わる年の取扱いです。

　下記の例では、2023年1月1日から9月19日までが非永住者ですので、この間は、送金課税がない限り基本的には国内源泉所得のみが課税対象となります。9月20日～12月31日は永住者なので、全世界所得課税となります。

　配当所得、利子所得、株の譲渡益所得などは、金融機関が発行する明細をみると、何月何日と明記しているので、分けやすいかと思います。事業所得や不動産所得がある場合、明確に月日を区分できれば良いのですが、それができない場合は、年間の合計金額を算出してから日数で按分計算を行います。

① 日本居住期間　1

2016/12/20	2016/12/31	11日
2017/ 1 / 1	2017/12/31	365日
2018/ 1 / 1	2018/ 9 / 3	246日
		合計622日

② 日本居住期間　2

2020/ 6 / 3	2020/12/31	211日
2021/ 1 / 1	2021/12/31	365日
2022/ 1 / 1	2022/12/31	365日
		合計941日

2022年末までの合計滞在日数　1563日　4 年103日

2023年の非永住者期間　262日　365日-103日

2023/ 1 / 1	2023/ 9 /19	262日	非永住者
2023/ 9 /20	2023/12/31	103日	永住者

＊2018年 9 月 3 日に日本を出国して、2020年 6 月 3 日に再入国をしたとします。

　なお、非永住者は確定申告書提出の際、「居住形態等に関する確認書」もあわせて提出する必要がありますが、年の途中で永住者になった場合でも、非永住者期間がある場合には提出義務があります。

34. スペインから来日するダンサーへ支払う報酬の課税関係

質問　　内国法人Aは東京でスペイン料理店を営んでいます。現在のコロナの状況が落ち着いたら、定期的にスペインからダンサーを招いてレストラン内でパフォーマンスをしてもらう予定です。来日するダンサーはスペインの居住者です。Aが支払う報酬についての課税関係について教えてください。なお、ダンサー及び演奏者の1回当たりの滞在日数は1〜2週間程度を考えており、国内に恒久的施設を有しておりません。

回答　　Aがダンサーに支払う報酬は、非居住者の国内源泉所得として20.42%の源泉徴収を行い課税関係は終了します（申告義務はありません。）。

解説　　非居住者等の有する国内源泉所得のうち、非居住者等の恒久的施設に帰せられる所得（以下「恒久的施設帰属所得」といいます。）については、総合課税の対象となります。恒久的施設帰属所得以外の国内源泉所得については、国内にある資産の運用又は保有により生ずる所得などを除いて、源泉徴収のみで課税関係が終了します。

　非居住者の国内源泉所得の取扱いは、次のとおりです。

【非居住者に対する課税関係の概要】

所得の種類 (所法161①) ／ 非居住者の区分 (所法164①)	恒久的施設を有する者 恒久的施設帰属所得 (所法164①一イ)	その他の国内源泉所得 (所法164①一ロ、②一)	恒久的施設を有しない者 (所法164①二、②二)	源泉徴収 (所法212①213①)
(事業所得)		【課税対象外】		無
① 資産の運用・保有により生ずる所得 (所法161①二) ※下記⑦〜⑮に該当するものを除く。	【総合課税】 (所法161①一)	【総合課税(一部)(注2)】		無
② 資産の譲渡により生ずる所得 (〃 三)				無
③ 組合契約事業利益の配分 (〃 四)		【課税対象外】		20.42%
④ 土地等の譲渡対価 (〃 五)		【源泉徴収の上、総合課税】		10.21%
⑤ 人的役務の提供事業の対価 (〃 六)				20.42%
⑥ 不動産の賃貸料等 (〃 七)				20.42%
⑦ 利子等 (〃 八)	【源泉徴収の上、総合課税】 (所法161①一)	【源泉分離課税】		15.315%
⑧ 配当等 (〃 九)				20.42%
⑨ 貸付金利子 (〃 十)				20.42%
⑩ 使用料等 (〃 十一)				20.42%
⑪ 給与その他人的役務の提供に対する報酬、公的年金等、退職手当等 (〃 十二)				20.42%
⑫ 事業の広告宣伝のための賞金 (〃 十三)				20.42%
⑬ 生命保険契約に基づく年金等 (〃 十四)				20.42%
⑭ 定期積金の給付補塡金等 (〃 十五)				15.315%
⑮ 匿名組合契約等に基づく利益の分配 (〃 十六)				20.42%
⑯ その他の国内源泉所得 (〃 十七)	【総合課税】 (所法161①一)	【総合課税】		無

(注)1 恒久的施設帰属所得が、上記の表①から⑯までに掲げる国内源泉所得に重複して該当する場合があります。
　　2 上記の表②資産の譲渡により生ずる所得のうち恒久的施設帰属所得に該当する所得以外のものについては、所得税法施行令第281条第1項第1号から第8号までに掲げるもののみ課税されます。
　　3 租税特別措置法の規定により、上記の表において総合課税の対象とされる所得のうち一定のものについては、申告分離課税又は源泉分離課税の対象とされる場合があります。
　　4 租税特別措置法等の規定により、上記の表における源泉徴収税率のうち一定の所得に係るものについては、軽減又は免除される場合があります。

　ダンサーの役務提供は、所得税法161条1項12号（いわゆる12号所得）に該当します。上記の表でいうと、⑪給与等の人的役務の提供に対する報酬等となります。

　次に租税条約を確認します。日西租税条約16条には、要約すると次のように記載されています。

演劇、映画、ラジオ若しくはテレビジョンの俳優、音楽家その他の芸能人又は運動家がこれらの者としての個人活動によって取得する所得に対しては、その活動が行われた締約国において租税を課することができる。

　つまり、日本での活動に関しては、日本で課税されるということです。したがって、国内法をそのまま適用をすることになります。

　なお、源泉徴収した税額は、翌月10日までに納付をします（所得税法204条1項）。

【参考条文】

> ***所得税法164条（非居住者に対する課税の方法）***
>
> *非居住者に対して課する所得税の額は、次の各号に掲げる非居住者の区分に応じ当該各号に定める国内源泉所得について、次節第一款（非居住者に対する所得税の総合課税）の規定を適用して計算したところによる。*
>
> *二　恒久的施設を有しない非居住者　第百六十一条第一項第二号、第三号、第五号から第七号まで及び第十七号に掲げる国内源泉所得*

所得税法第161条（国内源泉所得）

この編において「国内源泉所得」とは、次に掲げるものをいう。

二　国内にある資産の運用又は保有により生ずる所得（第八号から第十六号までに該当するものを除く。）

三　国内にある資産の譲渡により生ずる所得として政令で定めるもの

五　国内にある土地若しくは土地の上に存する権利又は建物及びその附属設備若しくは構築物の譲渡による対価（政令で定めるものを除く。）

六　国内において人的役務の提供を主たる内容とする事業で政令で定めるものを行う者が受ける当該人的役務の提供に係る対価

七　国内にある不動産、国内にある不動産の上に存する権利若しくは採石法（昭和二十五年法律第二百九十一号）の規定による採石権の貸付け（地上権又は採石権の設定その他他人に不動産、不動産の上に存する権利又は採石権を使用させる一切の行為を含む。）、鉱業法（昭和二十五年法律第二百八十九号）の規定による租鉱権の設定又は居住者若しくは内国法人に対する船舶若しくは航空機の貸付けによる対価

十七　前各号に掲げるもののほかその源泉が国内にある所得として政令で定めるもの

所得税法204条（源泉徴収義務）

居住者に対し国内において次に掲げる報酬若しくは料金、契約金又は賞金の支払をする者は、その支払の際、その報酬若しくは料金、契約金又は賞金について所得税を徴収し、その徴収の日の属する月の翌月十日までに、これを国に納付しなければならない。

五　映画、演劇その他政令で定める芸能又はラジオ放送若しくはテレビジョン放送に係る出演若しくは演出（指揮、監督その他政令で定めるものを含む。）又は企画の報酬又は料金その他政令で定める芸能人の役務の提供を内容とする事業に係る当該役務の提供に関する報酬又は料金（これらのうち不特定多数の者から受けるものを除く。）

所得税法施行令320条（報酬、料金、契約金又は賞金に係る源泉徴収）

５　法第二百四条第一項第五号に規定する政令で定める芸能人は、映画若しくは演劇の俳優、映画監督若しくは舞台監督（プロジューサーを含む。）、演出家、放送演技者、音楽指揮者、楽士、舞踊家、講談師、落語家、浪曲師、漫談家、漫才家、腹話術師、歌手、奇術師、曲芸師又は物まね師とする。

所得税法212条（源泉徴収義務）

非居住者に対し国内において第百六十一条第一項第四号から第十六号まで（国内源泉所得）に掲げる国内源泉所得（政令で定めるものを除く。）の支払をする者又は外国法人に対し国内において同項第四号から第十一号まで若しくは第十三号から第十六号までに掲げる国内源泉所得（第百八十条第一項（恒久的施設を有する外国法人の受ける国内源泉所得に係る課税の特例）又は第百八十条の二第一項若しくは第二項（信託財産に係る利子等の課税の特例）の規定に該当するもの及び政令で定めるものを除く。）の支払をする者は、その支払の際、これらの国内源泉所得について所得税を徴収し、その徴収の日の属する月の翌月十日までに、これを国に納付しなければならない。

所得税法213条（徴収税額）

前条第一項の規定により徴収すべき所得税の額は、次の各号の区分に応じ当該各号に定める金額とする。

一　前条第一項に規定する国内源泉所得（次号及び第三号に掲げるものを除く。）　その金額（次に掲げる国内源泉所得については、それぞれ次に定める金額）に百分の二十の税率を乗じて計算した金額

日西租税条約16条（芸能人及び運動家）

第14条（給与所得の短期滞在者免税の規定）の規定にかかわらず、一方の締約国の居住者が演劇、映画、ラジオ若しくはテレビジョンの俳優、音楽家その他の芸能人又は運動家として他方の締約国内において行う個人的活動によって取得する所得に対しては、当該他方の締約国において租税を課することができる。

35. 外国法人経由で支給される芸能人や運動家（スポーツ選手）への支払いの課税関係

質問　内国法人A社は、B国からサーカス団（外国法人C社とする）を招へいし、公演料として30,000,000円を支払う予定です。なお、B国内において、C社からB国居住者であるサーカス団員10名に、その役務提供の対価が支払われます。

C社は日本に恒久的施設を有しておらず、租税条約上免税芸能法人には該当しません。また団員の滞在日数は1週間程度の予定です。

C社の日本における課税関係を教えてください。

回答　C社がA社から受ける所得は、人的役務提供事業の対価（6号所得）であり、サーカス団員がC社から受ける所得は、人的役務提供の対価（12号所得）となります。

具体的な手順は下記のとおりです。

(1)　A社は、C社に30,000,000円を支払う際、20.42%である6,126,000円を源泉徴収し、翌月10日までに税務署に納めます。

(2)　B国でC社から支払われる団員に対する報酬は、国内源泉所得のために日本で課税対象となります。ただし、人的役務提供事業の対価の源泉徴収の対象となったもののうちから団員に報酬を支払う場合には、その支払いの際に源泉徴収が行われたとみなされる　（所得税法215条）ため、C社が源泉徴収を行い各団員の課税関係は完結します。

(3)　さらにC社は、日本で法人税申告を行います。団員に支払った報酬を費用として計上することで、すでに源泉税として納付をした6,126,000円から還付を受けることができます。

⑷　もしこの日本での所得が、B国でも課税が行われて二重課税となる
　　場合には、日本でなくB国において外国税額控除等の方法により二重
　　課税が調整されることとなります。

【参考条文】

所得税法161条（国内源泉所得）

この編において「国内源泉所得」とは、次に掲げるものをいう。

六　国内において人的役務の提供を主たる内容とする事業で政令で
定めるものを行う者が受ける当該人的役務の提供に係る対価

十二　次に掲げる給与、報酬又は年金

イ　俸給、給料、賃金、歳費、賞与又はこれらの性質を有する給与
その他人的役務の提供に対する報酬のうち、国内において行う勤務
その他の人的役務の提供（内国法人の役員として国外において行う勤務
その他の政令で定める人的役務の提供を含む。）に基因するもの

所得税法212条（源泉徴収義務）

非居住者に対し国内において第百六十一条第一項第四号から第十六
号まで（国内源泉所得）に掲げる国内源泉所得（政令で定めるものを
除く。）の支払をする者又は外国法人に対し国内において同項第四号
から第十一号まで若しくは第十三号から第十六号までに掲げる国内
源泉所得（第百八十条第一項（恒久的施設を有する外国法人の受ける国
内源泉所得に係る課税の特例）又は第百八十条の二第一項若しくは第
二項（信託財産に係る利子等の課税の特例）の規定に該当するもの及
び政令で定めるものを除く。）の支払をする者は、その支払の際、こ
れらの国内源泉所得について所得税を徴収し、その徴収の日の属す
る月の翌月十日までに、これを国に納付しなければならない。

所得税法213条（徴収税額）

前条第一項の規定により徴収すべき所得税の額は、次の各号の区分に応じ当該各号に定める金額とする。

一　前条第一項に規定する国内源泉所得（次号及び第三号に掲げるものを除く。）　その金額（次に掲げる国内源泉所得については、それぞれ次に定める金額）に百分の二十の税率を乗じて計算した金額

所得税法215条（非居住者の人的役務の提供による給与等に係る源泉徴収の特例）

国内において第百六十一条第一項第六号（国内源泉所得）に規定する事業を行う非居住者又は外国法人が同号に掲げる対価につき第二百十二条第一項（源泉徴収義務）の規定により所得税を徴収された場合には、政令で定めるところにより、当該非居住者又は外国法人が当該所得税を徴収された対価のうちから当該事業のために人的役務の提供をする非居住者に対してその人的役務の提供につき支払う第百六十一条第一項第十二号イ又はハに掲げる給与又は報酬について、その支払の際、第二百十二条第一項の規定による所得税の徴収が行われたものとみなす。

法人税法138条（国内源泉所得）

この編において「国内源泉所得」とは、次に掲げるものをいう。

四　国内において人的役務の提供を主たる内容とする事業で政令で定めるものを行う法人が受ける当該人的役務の提供に係る対価

法人税法141条

外国法人に対して課する各事業年度の所得に対する法人税の課税標準は、次の各号に掲げる外国法人の区分に応じ当該各号に定める国内源泉所得に係る所得の金額とする。

二　恒久的施設を有しない外国法人　各事業年度の第百三十八条第一項第二号から第六号までに掲げる国内源泉所得

---

36. アメリカの事業体（LLC/LLP/LPS等）に投資している場合の税務の取扱い

⑴　USLLCの場合

　USLLCは法人として扱うことが基本ですので、そこから生じる分配金は基本的に配当所得として扱います。

　アメリカのLLC法に準拠して設立されたLLCは、法人としての課税かパススルー課税のいずれかを選択することができる「チェック・ザ・ボックス」ルールを特徴とする事業体です。

　かつて、日本の一部の投資家の間で、USLLCから生じる不動産賃貸業の損失をパススルー課税することで個人の所得に取り込み、総合課税の所得内で損益通算を行うことにより所得の圧縮を行うという節税スキームがありました。このスキームは、平成19年に裁判で否認され、その後の税制改正により、USLLCのようなパススルー課税事業体は、日本では外国法人として取り扱うことが原則となりました。

国税庁ホームページ質疑応答事例―「米国LLCに係る税務上の取扱い」
https://www.nta.go.jp/law/shitsugi/hojin/31/03.htm

⑵　その他の事業体（LPS/LLP）の場合

　基本的には、日本では法人格がないものとして扱われます。つまり、パートナーシップである投資家が、その投資にかかる分配を受け取った場合には配当所得として扱われることになります。配当以外の所得（譲渡所得や利子所得等）が生じた場合は、Schedule-K1という所得が書かれているシート（米国申告書）を入手して、そこに記載されているアメリカの所得を日本の税制に合うように振り分けることが必要となります。

CoffeBreak

　日本の居住者がLPSやLLPに投資している場合の税務の取扱いは、難解です。なぜなら、アメリカで申告している所得の区分が、そのまま日本の税制に合致するとは限らないからです。上記に書いたUSLLCがその代表的なものといえます。このケースでは、「アメリカの税法では個人の所得税として申告ができるが、日本の税法では、法人として申告が必要」となります。

　なお、日本の所得税法上、上場企業からの配当は分離課税の選択が可能ですが、未上場企業からの配当は総合課税となります。しかしSchedule-K1をみても、上場会社からの配当か未上場会社からの配当かが明記されていないため、クライアント経由でそのパートナーシップの実態を調査し、そのパートナーシップの特性から上場会社か否かという判断を行うことになります。ちなみに、Private Equity Fund等のパートナーシップは、非上場企業からの配当が多いと考えられるため、総合課税と区分するケースが多くなります。なお、米国デラウエア州のLPSは法人格を有するとされた判例も存在します。米国の事業体への投資にかかる税務の取扱いは、内容を十分に把握して判断することが大切です。

37. 海外預金の利子及び配当の確定申告

....

質問　私は米国人（永住者）ですが、米国の証券会社に証券口座を保有しています。この米国の証券口座で、利子と配当が生じています。配当から米国の税金が引かれていますが、利子と配当は、日本で確定申告する必要はあるのでしょうか。

回答　あなたが会社から受け取っている給与が年末調整済みで、給与所得以外の所得が米国の利子と配当だけだとすると、利子と配当の合計額が20万円を超える場合は、確定申告が必要になります。

　配当から引かれている米国の税金は、確定申告のときに外国税額控除を受けます。そのときに気を付ける点は、米国の税金が全額控除できるわけではなく、日米租税条約で定める限度税率で計算した金額が限度となります。例えば、米国の配当から非居住者としての源泉所得税が20％引かれていたとしても、日米租税条約で一般の配当は限度税率が10％なので、10％だけが日本で外国税額控除を受けることができます。残りの10％分は、米国税務当局に手続きをとって米国から還付を受けることとなります。ただ、米国税務当局への手続きは米国の会計事務所等に依頼することになるので、その手続費用と還付になる税金を総合的に勘案して、手続をとるかどうか判断する必要があります。

38. 外国の利子、配当、株式譲渡益の課税関係

質問　海外の証券口座における外国の利子、配当、株式譲渡益の課税関係について教えて下さい。

回答

1. 外国預金の利子

(1) 利子所得として、他の所得と合算して確定申告が必要です（総合課税）。

(2) 外国で引かれている税金は、確定申告で外国税額控除を受けることができます(注1)。

(3) 預金の解約等により生じた為替差損益は、雑所得として確定申告が必要です(注2)。ただし、給与所得のみで年末調整済みの会社員は、為替差損益と預金利子が合計して20万円以下ならば、給与所得以外の所得が20万円以下なので申告義務はありません。

(注1) 外国税額控除の適用にあたっては、租税条約で定める限度税率で計算した金額を限度とします。
(注2) 為替差損益を認識する必要がない場合もあります（P.126）。

2. 外国株式の配当

【上場株式】

(1) 総合課税（配当所得）か20.315％申告分離課税を選択できます。配当控除を受けることはできません。外国で引かれている税金は、外国税額控除を受けることができます(注)。

(2) 日本に登録した金融業者を通じた上場株式等の譲渡損失は、国外の金融業者を通じた上場株式等の配当等と損益通算できます。日本に登録した金融業者を通じたものでなければ、上場株式等の譲渡損失と上

場株式等の配当等との損益通算及び譲渡損失の繰越控除はできません。

【非上場株式】

(1)　総合課税（配当所得）。配当控除を受けることはできません。外国で引かれている税金は、外国税額控除を受けることができます(注)。

(2)　一般株式等の譲渡損とは損益通算できません。

> (注) 外国税額控除の適用にあたっては、租税条約で定める限度税率で計算した金額を限度とします。

3．外国株式の譲渡益（譲渡損）

【上場株式】

(1)　譲渡益は、20.315％申告分離課税

(2)　国内の金融業者を通じて行い生じた上場株式等の譲渡損益と国外の金融業者を通じて行い生じた国外上場株式等の譲渡損益は、損益通算できます。

(3)　国外の金融業者を通じて行い生じた上場株式等の譲渡損は、上場株式等の配当等（国内・国外とも）と損益通算できません。日本に登録した金融業者を通じたものでなければ、上場株式等の譲渡損失と上場株式等の配当等との損益通算及び譲渡損失の繰越控除はできません。

(4)　一般株式等の譲渡損とは損益通算できません。

【非上場株式】

(1)　譲渡益は、20.315％申告分離課税

(2)　上場株式等とは損益通算できません。

(3)　譲渡損は、一般株式等の利子・配当と損益通算できません。

(4)　譲渡損失の繰越控除はできません。

39. 国内と国外の証券口座で生じた上場株式等の譲渡損益、配当、利子の損益通算

質問 私は米国人（永住者）ですが、日本と米国両方の証券会社に証券口座を保有しています。それぞれの口座で、株式譲渡損益、利子、配当が生じていますが、損益通算はできるのでしょうか。

回答 次の図のとおり、損益通算できる場合とできない場合があります。

《直接海外の金融業者と取引した場合の上場株式等の損益通算》

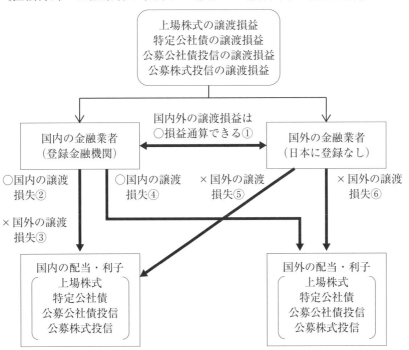

(注) ○は損益通算できる（生じた損失を ➡ 先の利益から、差し引くことができる。）。×は損益通算できない。

① 　国内の金融業者を通じて行い生じた国内上場株式等の譲渡損益と国外の金融業者を通じて行い生じた国外上場株式等の譲渡損益は、損益通算できます。

　∵　上場株式等には、外国市場のものも含む。株式等には、投資信託の受益権も含みます。

② 　国内の金融業者を通じて行い生じた国内上場株式等の譲渡損益と国内の金融業者を通じて行い生じた国内上場株式等の配当等は損益通算できます。

③ 　国内の金融業者を通じて行い生じた国内上場株式等の譲渡損益と国外の金融業者を通じて行い生じた国外上場株式等の譲渡損益を損益通算した結果、国外上場株式等の譲渡損失が残った場合は、国内上場株式等の配当等と損益通算できません。

④ 　国内の金融業者を通じて行い生じた国内上場株式等の譲渡損失と国外の金融業者を通じて行い生じた国外上場株式等の配当等は、損益通算できます。

⑤ 　国外の金融業者を通じて行い生じた国外上場株式等の譲渡損失と国内の金融業者を通じて行い生じた国内上場株式等の配当等は、損益通算できません。

⑥ 　国外の金融業者を通じて行い生じた国外上場株式等の譲渡損失と国外の金融業者を通じて行い生じた国外上場株式等の配当等は、損益通算できません。

40. 居住者へ支払われる米国の退職年金

質問 私（米国人）は日本の永住者ですが、以前、米国の製薬会社A社に勤務しており、この度、同社から退職年金を受給することとなりました。また、A社で勤務する前は、米国商務省に勤務しており、米国政府からも年金を受給することとなりました。

A社と米国政府から受給する年金の日本での課税関係は、どのようになるのでしょうか。

回答 あなたが受給した年金のうちA社からの年金は日本で課税され、米国政府からの年金は、日本で課税されず米国で課税されます。

解説

あなたは永住者とのことですので、国内源泉所得及び国外源泉所得の全ての所得が課税されます（所法7①一）。そして、A社から支給される退職年金は、「外国の法令に基づき支給される年金は国外源泉所得」となるので（所法95④十ロ）、日本で課税されることとなります。

次に、日米租税条約では、一般の退職年金は受給者の居住地国で課税されますが（日米租税条約17条1項）、米国政府職員としての勤務に基づき支給される退職年金は、受給者が日本の居住者でかつ日本の国民でない場合は、米国で課税することとされています（日米租税条約18条2項）。

41．個人の国際税務調査

質問　最近、個人の国際課税に関する税務調査が増えてきていると聞いています。どのようなことがきっかで、どのような調査が行われるのでしょうか。

回答

1．税務調査のきっかけ

税務調査に選定されるきっかけは、資料せんに基づいて行われるようです。

資料せんは、具体的には、⑴国外送金等調書制度、⑵共通報告基準（CRS）による非居住者口座情報の自動的情報交換制度、⑶租税条約等に基づく自動的情報交換制度によるものが多いようです。

⑴　国外送金等調書制度は、100万円超の国内国外間の送受金について、金融機関は、顧客が国外送受金を行った日の属する翌月末日までに、国外送金等調書を所轄税務署長に提出しなければならないというものです。国外送金等調書には、送受金を行った者の住所、氏名、金額等が記載されています。

　　この調書によって、税務署は、国内国外間でなされた100万円以上の送受金をすべて把握しています。

⑵　共通報告基準（CRS）による非居住者口座情報の自動的情報交換制度は、2018年から開始されている制度です。令和4年事務年度で、95か国の国・地域の外国税務当局から約257万件の日本人居住者の口座情報を受領し、76か国・地域の外国税務当局に外国人居住者情報を約52万件提供しています。米国はCRSに加盟していませんが、次の⑶自動的情報交換資料の交換が行われています。

⑶　租税条約等に基づく自動的情報交換制度は、法定調書により把握した非居住者への支払（利子、配当、不動産賃貸料、無形資産の使用料、給与・報酬、株式の譲渡対価等）についての情報交換を税務当局間で行うものです。

　　税務当局は、これらの資料せんにより、容易に、海外の資産の保有状況や運用益の有無を把握することが可能となっています。

2．調査の内容

　税務当局は、1.で説明した資料せんを確定申告状況と照合し、特に国外の金融資産からの運用益の申告漏れが想定される場合は、文書照会あるいは実地調査を行います。

　実地調査では、国外の金融機関のステートメント（取引明細書）の提出が必ず求められます。したがって、国外取引を行った時は、その内容を説明できるように、ステートメント等の証拠書類を5年間保存しておくことが大切です。

Questionnaire サンプル

Questionnaire の全体を開示しますので、ぜひ参考にして下さい。

1．Personal Information

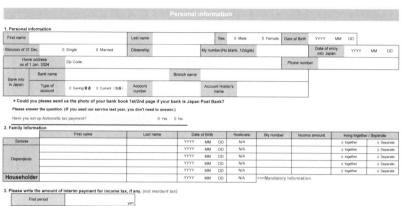

2. Questionnaire for Tax return

Questionnaire for Tax return 2023

Filling page & notice

Please answer the following questions.

1. Are you non-permanent resident (live in Japan less than 5years)?　　0 Yes　0 No

2. Did you leave Japan during 2023?　　0 Yes　0 No

3. Have you received employment income?　　0 Yes　0 No

4. Please check type of income.
   - 0 employment income (給与所得)
   - 0 Business income as a sole proprietor (事業所得)
   - 0 Income from real estate in Japan (不動産所得)
   - 0 Overseas income from real estate (外国の不動産所得)
   - 0 Income from interest (利子所得)
   - 0 Income from dividends (配当所得)
   - 0 Capital gains from stock (株式の譲渡所得)
   - 0 Capital gain from real estate (不動産の譲渡所得)
   - 0 Stock option / RSU (ストックオプション)
   - 0 Miscellaneous income (雑所得)
   - 0 Others (その他)

5. Did you pay foreign income tax in 2023?　　0 Yes　0 No

6. Do you have deduction for casualty losses?　　0 Yes　0 No

7. Did you paid over 100,000yen for medical expenses?　　0 Yes　0 No

8. Have you paid insurance premium for life insurance or individual pension contracted in Japan in 2023?　　0 Yes　0 No

9. Did you paid insurance fee for earthquake insurance contracted in Japan in 2023?　　0 Yes　0 No

10. Did you donate to a special public interest promotion corporation such as a national / local public organization or the Japanese Red Cross Society in 2023?　　0 Yes　0 No

11. Do you take special house loan tax credit?　　0 Yes　0 No

12. Do you have overseas asset which is more than 50 million yen?　　0 Yes　0 No

13. Do you have assets (including domestic) which is more than 300 million yen?　　0 Yes　0 No

14. Did your company pay for you as any fringe benefit(air fare, school fee, rent, utilities, pension payment, 401K, etc) in 2023?　　0 Yes　0 No

３．Travel Schedule

Travel Schedule

1. For All
If you left Japan during 2023, please fill in the following forms with date by figures.

Left Japan (YYYY/MM/DD)	Return to Japan (YYYY/MM/DD)	Country visited	Purpose of absence from JP Business	Home leave	Vacation	Total (days)
						0
						0
						0
						0
						0
						0
						0
						0
						0
						0
		Total	0	0	0	0

(days)

2. For Non-permanent resident only

Please fill out the periods during which you have maintained domicile or residence in Japan within the preceding 10 years (2013~2022), if any.

From: YYYY/MM/DD	To: YYYY/MM/DD

3. For Non-permanent resident only　If you invest financial instruments through foregin bank after April 1, 2017, it is taxable in Japan. Please let us know if you have any.

4. Business Income

Business Income as a sole proprietor

1. Please fill in the following form for your business

	Consumption Taxable (domestic transactions)	Consumption Non-taxable (overseas transaction)	Total	Comments
Revenue			0	
Miscellaneous revenue			0	
			0	
			0	
Subtotal	0	0	0	
Cost of sales			0	
			0	
Subtotal	0	0	0	
Payment of salary and wage			0	
Legal and other professional fees (Gross amo			0	
Outsourcing fees (Gross amount)			0	
Depreciation cost			0	
Bad debt			0	
Land and house rents			0	
Internet on loans, discount charge of bills			0	
Tax and fees			0	
Packing and freight			0	
Water, heat and hight expense			0	
Travel and transportation expenses			0	
Communication expenses			0	
Advertising expenses			0	
Entertainment expenses			0	
Nonlife insurance			0	
Repair expenses			0	
Cost of supplies			0	
Welfare expenses			0	
Expenses for consumable goods			0	
			0	
Miscellaneous expenses			0	
			0	
			0	
Subtotal	0	0	0	

*Legal and other professional fees: Please write the gross amount. Please write the net amount and withholding tax (if any) as well
*Outsourcing: Please write the gross amount. Please write the net amount and withholding tax (if any) as well

2. Please answer the following questions.

Do you purchase consumable goods which is more than 100,000yen in this year?

If "Yes", please provide the following information.

Name of consumable goods	Date of Purchase	Purchase price

5．Real Estate Income

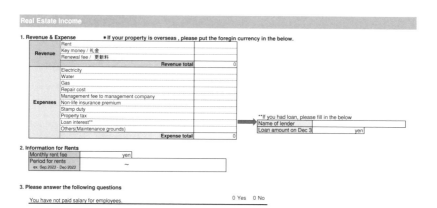

6. Depreciation

Depreciation

Property address	
Legal owner name	
Your portion	
Date purchased	
New Construction or Existing hom	0 New Construction 0 Existing home
Date of constructio YYYY/MM/DD	
Architecture of building (e.g. wood, iror	
Price of building when you bought the prope	
Price of land when you bought the property	
Name of lessee	
If you had loan, please fill in the initial loan amou	

7． Devidend/Interest Income

Dividend / Interest Income

1. Dividend Income

Company name	Received date	Amount	Withholding tax	Currency	Exchange rate	Amount (YEN)	Withholding tax (YEN)
Total dividends		0.00	0				

2. Interest Income

Company name	Received date	Amount	Withholding tax	Currency	Exchange rate	Amount (YEN)	Withholding tax (YEN)
Total interests		0.00	0				

8. Capital gain income/loss from Stock

Capital gain income / loss from Stock

* You can fill in the amount with the original currency. We will convert to Yen.

Company name	Purchase date	Currency	Purchase price	Number of purchase	Total purchase price	Sale date	Sale price	Number of sale	Total sale price	Broker charge	Withholding tax you paid
					0.00				0.00		
					0.00				0.00		
					0.00				0.00		
					0.00				0.00		
					0.00				0.00		
					0.00				0.00		
					0.00				0.00		
					0.00				0.00		
					0.00				0.00		
					0.00				0.00		
					0.00				0.00		
					0.00				0.00		
					0.00				0.00		
					0.00				0.00		
					0.00				0.00		
					0.00				0.00		
					0.00				0.00		
					0.00				0.00		
					0.00				0.00		
					0.00				0.00		
					0.00				0.00		
					0.00				0.00		
					0.00				0.00		
					0.00				0.00		
Total				0	0			0	0.00	0.00	0.00

9．Capital gain income/loss from Real Estate

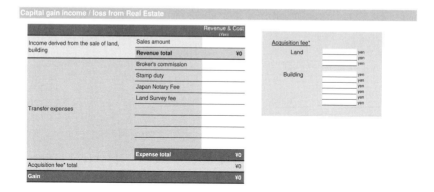

10. Tax payment for Foreign tax credit

Tax payment for Foreign tax credit

Please fill in the foreign tax amount which you paid during the year OR Japanese tax which your company reimburse to you.

Tax Payment	Payment date	Amount	Currency	Exchange rate	Amount (Yen)
			US		0
					0
					0
					0
					0
					0
					0
					0
					0
					0
Total		0.00			0

11.　Stock option/RSU

Stock option / RSU

＊You can fill in the amount with the original currency.

Grant date	SO: Exercise date RSU:Vesting date	Number of exercise stock	Currency	Exercise price (Per share)	Market Value on Excrise(Vesting) date	Exercised gain	If you sold, please fill in the following forms as well.			
							Sold date	Number of sold stock	Current sold price	Currency
						0.00				
						0.00				
						0.00				
						0.00				
						0.00				
						0.00				
						0.00				
						0.00				
						0.00				
						0.00				
						0.00				

Special comments.

12. Other income

Other income

Category of income	Date you earned	Income amount	Comment

Other losses

Category of losses	Date you lossed	Amount	Comment

13.　Medical expenses deduction

Medical expenses deduction

Patient name	Hospital or pharmacy's name	Category of expenses	Paid amount	Covered amount by insurance
Total			¥0	¥0

14. Donation

Donation

Please prepare certificate of donation.

Date(YYY/MM/DD)	Recipient	Amount of Donation
Total		¥0

15.　Statement of Overseas Assets

Statement of Overseas Assets as of 31 December 2023

Category	Type	Name	Purpose of use	Country	Address	Quantity	Square meter	Currency	Value	Maximum no. of securities	Note	Exchange rate (TTB)	Amount (yen)
Land							㎡						
Building							㎡						
Mountain and forest							㎡						
Cash													
Bank deposit	Current account												
	Ordinary account												
	Fixed deposit account												
Securities	Listed stocks												
	Unlisted stocks												
	Bonds and debentures												
	Investment trust												
	Beneficiary certificate of investment trust												
	Loan trust												
Specified Securities	Stock options												
Investments in anonymous associations													
Unsettled margin transactions													
Unsettled derivative transactions													
Loan													
Accounts due													
Calligraphic works and Paintings, Antique, and Fine arts and crafts	Calligraphic works												
	Paintings, Antique												
	Fine arts and crafts												
Jewelry and other valuables	Gold												
	Platinum												
	Diamond												
Movable property	Car												
	Furniture												
Other													

16. Statement of Assets/Liabilities

Statement of Assets / Liabilities as of 31 December 2023

	Category	Type	Name	Purpose of use	Location of assets / liabilities	Quantity	Square meter	Value	Acquisition cost of securities, etc	Note	Exchange rate(TTB)	Amount (Yen)
ASSET	Land			Private								
	Building			Business								
	Mountain and forest			Private								
	Cash			Private								
	Bank deposit	Current account		Private								
		Ordinary account		Business								
		Fixed deposit account		Private								
	Securities	Listed-stocks										
		Unlisted-stocks										
		Bonds and debentures										
		Investment trust										
		Beneficiary certificate of investment trust										
		Loan trust										
	Specified Securities	Stock options										
	Investments in anonymous associations											
	Unsetteled margin transactions											
	Unsettled derivative transactions											
	Loan											
	Accounts due											
	Calligraphic works and Paintings, Antique, and Fine arts and crafts	Calligraphic works										
		Paintings, Antique										
		Fine arts and crafts										
	Jewelry and other valuables	Gold										
		Platinum										
		Diamond										
	Movable property	Car										
		Furniture										
	Other											
	Total (A)											
Liabilities	Debt											
	Payment due											
	Other liability											
	Total (B)											
	(A) - (B)							0				

監修者・著者略歴

【監修者プロフィール】

阿部　行輝（あべ　ゆきてる）

税理士。1977年東京国税局採用。国税庁、東京国税局査察部、資料調査課、税務相談官、税務署特別国税調査官等を経て、2015年太陽グラントソントン税理士法人入社、2019年税理士事務所開業。2021年明海大学非常勤講師。外国人、非居住者等の税務相談、調査対応等に従事。主な著書に、「外国人の税務と手続き」（税務研究会）、「Q&A外国人の税務（共著）」（税務研究会）、「金融商品の仕組みと税金」（税務研究会）がある。

【著者プロフィール】

渕　香織（ふち　かおり）

税理士。米系航空会社勤務経験の後、税理士資格取得。新日本アーンストアンドヤング税理士法人（現EY税理士法人）での勤務を経て、2010年渕香織タックスアンドコンサルティングを開業。日本とマレーシアの法人を経営。

　本書の内容に関するご質問は、税務研究会ホームページのお問い合わせフォーム（https://www.zeiken.co.jp/contact/request/）よりお願いいたします。なお、個別のご相談は受け付けておりません。

　本書刊行後に追加・修正事項がある場合は、随時、当社のホームページ（https://www.zeiken.co.jp）にてお知らせいたします。

入門　外国人の税務

令和6年3月15日　初版第1刷発行　　　　　　　　　（著者承認検印省略）
令和6年10月10日　初版第2刷発行

監修者　阿　部　行　輝
　Ⓒ　著　者　渕　　　香　織

発行所　税　務　研　究　会　出　版　局
代表者　山　根　　　毅

郵便番号 100-0005
東京都千代田区丸の内 1-8-2 鉄鋼ビルディング

https://www.zeiken.co.jp

乱丁・落丁の場合は、お取替え致します。　　　印刷・製本　東日本印刷株式会社

ISBN 978-4-7931-2813-4